Karin Jäckel
Der Geist in der Handtasche

Karin Jäckel

Der Geist in der Handtasche

Märchen, Fabeln, Traumgeschichten

Mit Bildern von Rolf Rettich

Arena

CIP-Kurztitelaufnahme der Deutschen Bibliothek

Jäckel, Karin:
Der Geist in der Handtasche :
Märchen, Fabeln, Traumgeschichten / Karin Jäckel.
Mit Bildern von Rolf Rettich.
– 1. Aufl. – Würzburg : Arena, 1985.
ISBN 3-401-04204-1

1. Auflage 1985
© 1985 by Arena-Verlag Georg Popp, Würzburg
Alle Rechte vorbehalten
Schutzumschlag und Innenillustrationen von Rolf Rettich
Lektorat: Uwe-Michael Gutzschhahn
Gesamtherstellung: Mainpresse Richterdruck Würzburg
ISBN 3-401-04204-1

Inhalt

Krach in der Spielzeugabteilung	7	Die Reuse	52
Zur Sommersonnenwende	15	Silver	59
Links bestrickt, rechts bestrickt,		Wie die Schnecken ihr Haus verloren	67
in der Mitte ganz verrückt ...	22	Krieg um den Ententeich	71
Vom Geist in der Handtasche	25	Wie die Mäuse	
Der Osterhase	33	die Ratten überlisteten	78
Ein Feuersalamander erzählt	38	Pünktchen Marienkäfer, gen PM	87
Aquina	43	Ein Kaktus erzählt	94

Ist mein Frühstücksei nur Schale,
Kaugummi in der Sandale,
liegt ein Frosch auf meinem Kissen
und am Örtchen, dem gewissen,
ist nur flüchtig abgedrückt,

aber das Papier versteckt,
patschen mir vier eisigkalte,
nasse Hände auf den Bauch –
ich weiß, ich weiß!
Ich lieb' euch auch!

Für Dennis und Dominik

Krach in der Spielzeugabteilung

In der ganzen Stadt hingen Plakate: NEUERÖFFNUNG! SPIELZEUGABTEILUNG BEI KNURRSTADT! JEDER BESUCH LOHNT SICH!
Seit drei Wochen hingen und lockten sie schon. Und immer noch strömten die Leute ins Kaufhaus. Ließen sich von der Rolltreppe in den dritten Stock fahren und staunten.
Die Spielzeugabteilung war ja so groß wie der ganze Marktplatz! Da konnte einer von morgens bis abends angucken, anfassen und ausprobieren und hatte am Ende doch nicht alles gesehen!
„Das hältste ja im Kopf nicht aus!" seufzten die Kinder und hatten Weihnachtsaugen dabei.
„Wer soll das bloß bezahlen?" seufzten die Eltern und bestellten sich erst mal im Restaurant neben der Rolltreppe ein Stück Sahnetorte oder ein Wiener Schnitzel mit Pommes zur Stärkung.
Die Kinder durften bei den Spielsachen bleiben. Angucken kostet ja nichts!
Die wenigsten merkten, daß die Spielsachen auch guckten.

„Wenn mich heute keiner kauft, krieg' ich die Motten!" sagte das Äffchen Bingo zu seinem Freund, dem gelben Holzbagger.
„Dann krieg sie lieber gleich jetzt!" sagte der Holzbagger. „Du siehst doch, wo die Kinder stehen. Bei den Telespielen, bei den Eisenbahnen, bei den ferngesteuerten Blechautos und vor den Mama-Puppen. Du und ich? Nee, nee, vergiß es!"
„Heute oder nie!" sagte Bingo, das Äffchen. „Siehst du den Jungen? Den kleinen blonden? Gefällt er dir?"
„Schon", sagte der gelbe Holzbagger.
„Okay!" sagte das Äffchen Bingo. „Jetzt paß mal auf!"
Es ruckte ein paarmal mit den Armen und Beinen, holte tief Luft und trat einer rot-weißen Blechtrommel neben sich in den Bauch, daß es gongte.
„Wenn du jetzt nicht endlich deinen dicken Wanst zur Seite nimmst, passiert was!" sagte es. „Du stehst mir im Licht! Mach Platz! Mach dich dünn, capito?"
„He, he, he!" rührten die Trommelstäbe drohend, daß es sich anhörte, als

rauschte Regen auf ein Blätterdach.
„Was heißt hier ‚dicken Wanst'? He? Was heißt hier ‚Mach Platz'? Du lächerliches nachgemachtes Gorillababy!"
„Ruhe!" rief eine knallrote Trillerpfeife dazwischen und rollte das „R" so laut und gurgelnd wie ein Schauspieler.
„Misch du dich da nicht ein!" bullerte die Trommel und straffte ihr Trommelfell, daß es knackte. „Hat dich etwa einer gefragt?"
„Trrr, trrr, trrr", schnarrte die Trillerpfeife, die sich nicht einschüchtern ließ. „Ich mische mich ein, weil Sich-einmischen mein Geschäft ist. Ich bin eine Schiedsrichter-Trillerpfeife oder eine Schutzmann-Trillerpfeife oder eine Feuerwehrhauptmann-Trillerpfeife. Ich verlange Gehorsam. Gehorsam, jawohl!"
Das Äffchen Bingo und der gelbe Holzbagger duckten sich sofort brav in ihr Regal und schauten nur so von unten über ihre Augenbrauen hervor.
Die Trommel jedoch verfärbte sich, daß ihre weißen Dreiecke rot wurden und ihre roten Dreiecke weiß. Dann stemmte sie ihre kleinen Trommelstöcke in die Seiten und schlug sich mit dem dicken weißen Fellschlegel gegen den Leib, daß es nur so dröhnte.
Das brachte sie natürlich aus dem Gleichgewicht. Sie schwankte! Sie wakkelte. Schon fiel sie um und – boi – oi – oi – oing! – auf den Boden.
Kricks-kracks machte es, als ihr Trommeldeckel in die eine und ihr Trommelboden in die andere Richtung davonsprangen, ihr dicker, runder Bauch aber geradewegs unter die Füße des blonden Jungen geriet, den das Äffchen Bingo sich ausgesucht hatte.
„Na?" flüsterte das Äffchen Bingo. „Wie hab' ich das gemacht?"
Der gelbe Holzbagger bekam seine Baggerschaufel nicht mehr zu vor Staunen.
Der blonde Junge stand einen Augenblick wie angenagelt.
„Oh!" sagte er. Und noch einmal lauter: „Oh!"
Dann schlenkerte er mit seinem Fuß, an dessen Knöchel die zerbeulte Trommel wie eine viel zu weite Socke hing. Doch so sehr er auch schlenkerte, die Trommel ging nicht ab.
Der Lärm hatte einen Verkäufer angelockt.
„Was ist hier los?" fragte er streng und zog die rechte Augenbraue bis fast unter die Stirnhaare hoch.
„Nichts, eh, ich meine, ich hab' nichts gemacht", sagte der Junge und mußte die Augenbraue immerzu anstarren.

„Was gaffst du mich so an?" fragte der Verkäufer, der schon den ganzen Tag schlechte Laune hatte.
„Hat er was angestellt?" fragte eine Frau, die auf der anderen Seite des Regals stand, und schaute den Jungen neugierig an. „Diese Bengels", sagte sie. „Ich kenne das! Ich habe auch ein Geschäft. Die machen sich einen Spaß daraus, einem alles zu stibitzen, kann ich Ihnen sagen!"
„Ich hab' doch aber gar nicht", fing der Junge an und wurde rot im Gesicht. „Ich kam bloß vorbei, und auf einmal fiel die blöde Trommel aus dem Regal. Genau vor meine Füße."
„Ja, ja", sagte der Verkäufer und packte den Jungen mit der Faust am Kragen. „Das Geschwätz kennen wir. So reden sie alle. Komm mal mit! Jetzt gehen wir zum Chef! Gleich zum Chef persönlich, das sag' ich dir. Erst alles befingern, und wenn nachher was kaputt ist, will's keiner gewesen sein."
„Wenn ich doch aber gar nichts gemacht habe!" schrie der Junge und zerrte an seinem Hemd.
Von überallher schauten Leute zu. Ein Mädchen drehte den Zeigefinger in seinen Haarschwanz und öffnete den Mund, sagte dann aber doch nichts.

„Kannste dem Chef weismachen!" sagte der Verkäufer. „Los jetzt, komm schon!"
„Uihje!" stöhnte das Äffchen Bingo, als die beiden um die Regalwand verschwunden waren. „Bin ich froh, daß die dicke Trommel weg ist! War ja nicht mehr auszuhalten mit dieser eingebildeten Dickmadame!"
„An den Jungen denkst du wohl gar nicht?" fragte der gelbe Holzbagger vorwurfsvoll. „Erst hast du ihn hergelockt, und jetzt?"
„Jawohl, die rote Karte für den Affen!" pfiff die Trillerpfeife, die gerne mit dem Jungen auf dem Fußballfeld gewesen wäre, und tanzte zornig an ihrem langen Schnürsenkel.
„Was können wir denn schon ausrichten?" fragte das Äffchen Bingo und war froh, daß man unter einem braunen Pelz nicht so leicht erkennen kann, wenn einer sich schämt. „Wir sind doch bloß Spielsachen."
„Faule Ausreden!" sagte der gelbe Bagger.
„Halt keine Reden!" trillerte die Trillerpfeife. „Wir müssen was tun! Taten müssen her! Taten werden gebraucht!"
Das Äffchen Bingo schaute ratlos von einem zum anderen.
„Ahem", räusperte sich in diesem Augen-

9

blick irgendwer von oben.
Die drei im Regal zuckten erschrocken zusammen.
„Was gibt's? Wer da?" meldete sich schließlich der gelbe Holzbagger, der mit seiner Baggerschaufel am stärksten war.
„Gestatten, Monitor von der Decke", sagte die Stimme von oben. „Habe alles miterlebt. Bin ganz eurer Meinung. Kann so nicht weitergehen. Eine Schande. Eine Schande für die ganze Abteilung. Ahem."
Das Äffchen Bingo als der Gelenkigste von allen beugte sich möglichst weit aus dem Regal und schaute an die Decke.
„Ah, hallo!" sagte es und klapperte mit seinen Augenlidern. „Komisch, daß wir dich noch nie gesehen haben!"
„Bin getarnt", sagte der Monitor. „Geheimdienst, wenn du verstehst."
„Ah", sagte das Äffchen Bingo, obwohl es gar nichts verstand.
„Bin für Gerechtigkeit!" sagte der kleine Fernsehschirm von der Decke und ließ das Bild besonders schnell über seine Mattscheibe flimmern.
„Was ist denn das?" fragte das Äffchen Bingo.
Irgendwo in einem geheimen Winkel mußte der Monitor sein Kameraauge herumgedreht und auf ihn gerichtet haben, denn plötzlich schaute Bingo im Regal Bingo auf dem Bildschirm an.
„Hilfe!" kreischte das Äffchen und versteckte sein Gesicht hinter den Händen.
„Er will mich verzaubern! Er hat meinen Geist gefressen! Er hat mich in seinen Bauch gesperrt".
„Laß den Affenzirkus!" kicherte die Trillerpfeife. „Weißt du Affe nicht mal, was ein Monitor ist?"
Das Äffchen Bingo schaute verlegen und nahm vorsichtig die Hände vom Gesicht.
„Der Monitor", sagte die Trillerpfeife stolz, „ist ungefähr so was wie ein Fernsehgerät und ein Kameramann in einem. Was du da weiter hinten siehst, das kleine Stummelchen an der Decke, das ist das Kameraauge. Alles was das Auge sieht, läuft automatisch sofort über den kleinen Bildschirm ab. Jetzt sieht das Kameraauge zum Beispiel dich. Und darum siehst du dich auch selber auf dem Bildschirm."
Langsam rutschte das Äffchen Bingo wieder an den Rand seines Regals und schaute den Monitor an.
„Na, endlich!" schnarrte er und knisterte ein bißchen. „Also nochmal, Leute. Bin für Gerechtigkeit. Gerechtigkeit ist

mein Job. Ich filme alles. Bin unbestechlich."
„Blablabla", sagte das Äffchen Bingo, das seine Angst verloren hatte, seit es wußte, wen es vor sich hatte. „Wenn du weiter nichts weißt! Labern können wir selber."
„In meinem Bauch", sagte der Monitor verstimmt, „ist alles aufgezeichnet, was eben passiert ist. Ich meine, auf dem Film, der in meinem Bauch gespeichert wird, kann man alles genau nachsehen. Man müßte es dem Direktor mitteilen. Ich bin noch zu neu hier. Man vergißt mich noch zu oft."
„Tolle Idee, affenstark!" schrie das Äffchen Bingo und hopste in seinem Regal herum, daß der Monitor gequält sein Auge schloß, obwohl er im Dienst war.
„Aber wie sollen wir dem Direktor eine Nachricht zukommen lassen?" fragte der gelbe Holzbagger.
Mit einem Schlag waren alle still.
„Du könntest vielleicht von der Decke fallen?" schlug das Äffchen Bingo nach einer Zeitlang vor.
Der Monitor schüttelte sich sacht.
„Zu gefährlich", sagte er.
„Oder kaputtgehen?" meinte der gelbe Holzbagger.
„Oder dich austauschen lassen?" fügte die Trillerpfeife hinzu.
„Unmöglich, unmöglich!" schnarrte der Monitor. „Aber wie wär's denn, wenn ihr alle noch mal so eine Schau abzieht wie eben mit der dicken Trommel? Ihr müßtet natürlich so viel Krach machen, daß gleich einer angerast kommt. Wenn kein Mensch hier ist, werden sie schon den Film in meinem Bauch abspielen lassen."
„Aber dann erfährt doch sofort jeder, daß wir reden können und alles", sagte das Äffchen Bingo.
„Dann eben nicht", brummte der Monitor. „Muß der Junge eben eure Suppe auslöffeln. Armer Kerl!"
„Ich denke, das hier ist echt ein Ausnahmefall", sagte der gelbe Holzbagger entschlossen. „Wir sollten tun, was der Monitor sagt. Ist doch egal, ob einer merkt, daß Spielsachen reden können."
„Wenn schon", rief auch die Trillerpfeife. „Sollen sie 's doch merken."
„Meinetwegen also", seufzte das Äffchen Bingo und schob sich seine rotkarierte Kappe über ein Auge.
„Auf die Plätze, fertig – los!" pfiff die Trillerpfeife und hielt den Ton, bis sie keine Puste mehr hatte und nur noch piepsen konnte. Sofort knallte der gelbe Holzbagger seine Baggerschaufel

zusammen. Das schepperte ordentlich, denn die Ränder der Schaufel waren mit Metall überzogen.

Das Äffchen Bingo kreischte so affig laut, wie es nur konnte. Und weil die anderen Spielsachen in der Nähe alles mitbekommen hatten, fingen auf einmal auch die Telespiele zu fiepen und zu summen an, verursachte die E-Lok einen Unfall mit der Diesellok, drehten sich die ferngesteuerten Autos wie toll im Kreis herum. Und dazwischen schrien alle Puppenbabys lauthals ihr „Mama-Mama".

„Was zum Teufel ist denn jetzt schon wieder los?" rief der Verkäufer, der mit dem blonden Jungen noch immer nicht beim Chef gewesen war, weil der Fahrstuhl streikte. Den Jungen hinter sich herziehend, rannte er in seine Abteilung zurück.

„Warte nur, du Früchtchen!" sagte er und schüttelte den Jungen am Kragen. „Diesmal kriegen wir euch. Wenn du glaubst, daß ich dich laufen lasse, weil deine Freunde hier Rambozambo in der Abteilung veranstalten, bist du auf dem Holzweg. Wozu haben wir schließlich die teuren Monitore angeschafft? Die Dinger filmen alles. Die beweisen alles. Wart's nur ab!"

Der Junge hatte Tränen in den Augen. Er schämte sich, weil ihn so viele Leute anstarrten und seinetwegen miteinander tuschelten.

„Das sag' ich meinem Vater!" rief er. „Ich hab' gar nichts gemacht!"
Aber der Verkäufer hörte nicht hin, und die Leute grinsten.

Nur das kleine Mädchen von vorhin, das mit dem Hängezopf, sagte: „Wenn aber doch gar keiner da war!"

„Was soll das heißen: Keiner da?" fragte der Verkäufer zornig. „Wo ist deine Mutter? Steckst wohl unter einer Decke mit diesem Lauselümmel hier?"

„Wenn doch die Spielsachen alles selber gemacht haben!" sagte das kleine Mädchen und zeigte auf Bingo und seine Freunde.

„Ich werde wahnsinnig!" sagte der Verkäufer.

Mit Riesenschritten rannte er die Treppe zur Chefetage hoch, den Jungen an der einen, das Zopfmädchen an der anderen Hand. Die beiden konnten gar nicht Schritt halten und stolperten über jede zweite Stufe.

„Chef", keuchte der Verkäufer, als er schließlich oben war, und wischte sich den Schweiß von der Stirn. „Hier im Laden passieren Sachen! Sachen, sag'

ich Ihnen! Da sind Banden von Kindern, die uns die Auslagen ruinieren!"
Und dann erzählte er alles, was er wußte, und noch viel mehr von dem, was er sich dazu ausgedacht hatte.
Der Chef schaute nachdenklich von einem zum andern.
„Was sagt ihr dazu?" fragte er den Jungen und das Zopfmädchen.
Der Junge sagte gar nichts, denn er war jetzt bockig.
Das Zopfmädchen sagte auch kein Wort, denn es hatte auf einmal Angst.
„Dann müssen wir wohl wirklich unseren Monitor befragen", sagte der Chef.
Er zündete sich eine Zigarre an und schaute sich von hinter den blauen und grauen Rauchkringeln her den Film, den Jungen und das Zopfmädchen an. Ab und zu musterte er auch seinen Verkäufer.
Der Film aus dem Monitor war leider ziemlich unscharf. Das Kameraauge war nämlich auf die Gänge zwischen den Regalen eingestellt und nicht auf die Spielsachen. Aber man erkannte gut, daß bei den Spielsachen der Affe los war, aber kein Kind seine Finger im Spiel hatte.
„Tja", sagte der Chef, indem er einen schönen runden Rauchkringel aus seinem Mund aufsteigen ließ. „Da hätten wir also mal wieder einen Fall, den Erwachsene eigentlich nicht verstehen. Ich meine, so einen Fall, wo man etwas sieht und es dennoch nicht glauben kann. Spielsachen, die leben! Was meinen Sie dazu, Herr Fleischmann?"
„I – i – ich", stotterte der Verkäufer und kniff an seiner Nase herum.
„Das Beste wird sein", sagte der Chef, „wir entfernen die Spielsachen aus unseren Regalen, die sich am hellichten Tage nicht wie ordentliche Spielsachen benehmen können."
Er drückte seine Zigarre aus und wandte sich den Kindern zu.
„Würdet ihr die Sachen vielleicht mitnehmen?" fragte er.
Der Junge und das Zopfmädchen schauten sich aus den Augenwinkeln an und zuckten mit den Schultern.
„Hm, ja, doch", sagten beide wie aus einem Mund.
Und dann lächelten sie sich an.

Zur Sommersonnenwende

In Großmutters Schrank stand eine kleine Schäferin aus Porzellan. Sie trug ein Schäfchen in ihren Armen. Beide hatten sich sehr lieb. Das Schäfchen schaute die Schäferin zutraulich an, und sie hatte ihm ein rotes Schleifenband um den Hals geschlungen.
Immer wenn wir bei Großmutter zu Besuch waren, stand ich vor ihrem Schrank, sah die Schäferin an und fragte mich, was für eine sonderbare Zeit das gewesen sein mußte, als Schäferinnen mit gepuderten Locken und Reifröcken Schafe hüteten, die Schleifen um den Hals trugen.
Großmutter schüttelte nur den Kopf über mich.
„Geh lieber spielen", sagte sie. „Wenn du erwachsen bist, werde ich dir das Püppchen schenken. Dann kannst du es noch lange genug anschauen. Geh, draußen scheint die Sonne, und Opa soll dir einen Apfel schenken. Einen roten."
Als ich ging, kam es mir vor, als blinzelte mir die Schäferin mit einem Auge zu. Schnell sah ich sie genauer an, aber da blinzelte sie nicht mehr, und ich dachte, ich spinne.
Als wir, wie schon so oft, in den Sommerferien bei Großmutter waren, wurde im kleinen Anbau gemalert. Das Zimmer, in dem ich sonst schlief, stand voll mit Tapeziertisch und Farbeimern und Tapetenrollen. So durfte ich auf dem Sofa in Großmutters guter Stube schlafen, direkt gegenüber der Schäferin.
Wir hatten Vollmond. Das blasse Licht brach durch Großmutters Seidenvorhänge und störte mich beim Einschlafen. Unruhig drehte ich mich von einer Seite auf die andere, zählte bis tausend, atmete ganz langsam ein und aus und schlief doch nicht ein. Die Lichtbahn drang immer heller durch die Vorhänge und schien sogar durch meine geschlossenen Lider.
Plötzlich hörte ich ganz deutlich ein leises Lachen. Ich spitzte die Ohren. Da hörte ich es tuscheln, kichern und abermals tuscheln. Blitzschnell schlug ich die Augen auf.
Da stand doch meine kleine Schäferin

mitten im Mondlicht auf Großmutters Tisch, hatte ihr Schäfchen im Arm und sagte gerade zu einem eleganten jungen Herrn neben sich: „Endlich, mein lieber Louis! Endlich ist sie erwacht! Ich dachte schon, Sie hätten die Kunst inzwischen verlernt, jemanden mit einem Bündel Mondstrahlen wachzukitzeln." Dabei lächelte sie mit ihrem rot bemalten Mund und streichelte ihr Schaf.

„Aber, meine Teuerste", rief der hübsche junge Mann. „Ich bin zwar fast zweihundert Jahre alt, aber mit Verlaub zu sagen, man merkt es mir noch kaum an, nicht wahr?"

Die Schäferin lachte leise. „Hauptsache", sagte sie, „sie ist erwacht. Alles andere ist unwichtig."

Der junge Mann verbeugte sich tief und kratzte dabei mit dem einen Fuß hinter sich wie Großmutters Katze. Das sah lustig aus. Ich hielt mir meine Zudecke vor den Mund. Manchmal bin ich unheimlich giggelig, so richtig blöd. Aber ich kann nichts machen.

Der junge Mann sah mich auch gleich an. So mit einer Augenbraue oben und den Mund gespitzt. Er sagte aber nichts, sondern schaute weiter auf die braune Standuhr bei Großmutters Ohrensessel in der Blumennische. „Cathérine", sagte er dann und strich die Seidenspitzen auf seinem Hemd glatt, „wir müssen uns beeilen, wenn wir noch rechtzeitig zum Sommersonnenwendball des Königs kommen wollen."

Die Schäferin hielt erschrocken eine Hand an den Mund. „Tatsächlich", rief sie, „es ist spät. Aber ich will dieses Kind mitnehmen. Die Bewunderung der Kleinen nach so vielen Jahren des Vergessenseins und des Staubs hat mir geschmeichelt und mich glücklich gemacht. Und heute ist Sommersonnenwende. Nur heute kann sie mit. Stecken Sie ihr einen Mondstrahl ins Haar, lieber Freund, daß sie uns begleiten kann!"

Seufzend hob der junge Mann die Hand. Mit behutsamen Fingern langte er sich einen Mondstrahl herunter und hauchte ihn an. Sofort verwandelte sich der Strahl in eine zierliche silberne Haarnadel mit einer Mondsichel am einen Ende. Und wie von selbst steckte sie sich in meine Zottelmähne. Da stand ich auf einmal neben meiner Schäferin und ihrem Louis auf Großmutters Tisch. Ich war ebenso winzig wie die beiden, und was das Tollste war, ich hatte ein Kleid an. Ein Kleid, keiner kann ahnen wie schön! Ich stand und schaute an mir

herunter und betastete mich. Und wenn ich mich nicht im Scheibenglas des Schrankes gesehen hätte, hätte ich nicht geglaubt, daß ich es war. Überall Bänder und Spitzen und ein paar Röcke übereinander. Absatzschuhe aus Silberleder und ein Handtäschchen aus bestickter Seide. Und erst die Frisur! Spaghetti-Haare, hatte ich die mal? Jetzt waren sie in Lockenwolken hochgesteckt, weiß gepudert, und vorn an der Schläfe steckte der Mondstrahl. Ich drehte mich vor den Schrankscheiben und konnt's nicht fassen. Nur mit einem Ohr bekam ich mit, wie die Schäferin ihr Schaf in Großmutters Blumenfenster setzte und es streichelte, bis es zu bähen aufhörte.

„Kommen Sie, liebste Cathérine", sagte der junge Mann zu ihr. „Es wird allerhöchste Zeit."

Er faßte sie galant um die Hüften, hob sie in eine plötzlich bereitstehende Kutsche und setzte sich neben sie. Cathérine hatte Mühe, mich hineinzuzerren. Aber schon ließ der Kutscher, in dem ich Großmutters alten Nußknacker erkannte, die Peitsche knallen und die Pferde laufen. Die Kutsche war gelb und schwarz, mit roten Samtsitzen und Troddeln an den Scheibengardinen. Jede Wette, daß es die Reisekutsche aus dem Ölbild über dem Sofa war! Ich hatte bloß keine Zeit, hinter mich an die Wand zu schauen. Und außerdem flüsterte Cathérine dauernd auf mich ein, daß ich auf dem Ball nur ja nicht so tollpatschig sein dürfe wie sonst, nicht so laut reden solle und mich vor allem auf keinen Fall auf dem Kopf kratzen dürfe, weil sonst nämlich ein großes Unglück geschehen würde. Und ihr Louis schaute mich dabei die ganze Zeit so an, daß ich genau merken mußte, wieviel lieber er mit seiner Schäferin allein gewesen wäre statt mit mir zusammen.

Als die Kutsche langsamer fuhr, konnte ich mir nicht verkneifen, Cathérine zu fragen, woher ihr Louis denn so plötzlich gekommen sei.

„Ach, mein Kleines", sagte sie und führte ihr Taschentuch an die Augen, obwohl sie gar nicht weinen mußte. „Er liegt sonst in einer Schachtel, in der letzten Schublade desselben Schrankes, in dem auch ich mein Dasein friste. Ihm ist das Unglück widerfahren, zu stürzen und sich das linke Bein zu brechen. Zwar hat Madame Großmutter es wieder angeklebt, aber sie findet ihn nicht mehr schön genug und hat ihn lieber in die Lade getan."

„Ich werde sie bitten, ihn wieder herrichten zu lassen", rief ich eifrig. „Sie tut's, ganz bestimmt."
„Zu gütig, Demoiselle Denise", sagte Louis – Denise, das bin ich – und küßte mir die Hand. „Seit dem Unfall hinke ich. Das ist bitter genug. Aber das Liegen in Seidenpapier hat auch schon mein Gewand beschädigt, so daß ich bei Hofe langsam als der arme Heinrich angesehen werde. Ein Jammer und äußerst blamabel!"
„Vielleicht kann man Sie restaurieren lassen", sagte ich. „Ich leere mein Sparschwein aus, und zehn Mark habe ich noch von Onkel Jupp zu kriegen, weil ich beim Erdbeerenpflücken geholfen habe – es reicht bestimmt."
Louis schaute so dankbar, daß ich richtig verlegen wurde. Aber da hielt Gott sei Dank die Kutsche an, und wir kamen auf andere Gedanken.
Ein Diener in einer Uniform voller Goldschnüre und Knöpfe riß den Schlag auf und schnarrte: „Treten Sie ein, meine Damen, mein Herr!" Er hatte nämlich einen ganz ungeheuren schwarzen Schnurrbart, der es ihm schwer machte, die Lippen zum Deutlichsprechen zu öffnen. Louis stieg zuerst aus. Seine Jacke und Hose aus altrosa Seide waren tatsächlich auf dem Rücken schon etwas abgenutzt, und er hinkte deutlich. Aber dafür waren seine Strümpfe so peinlich weiß, die Spangenschuhe so schwarz und blank, daß man das Abgeschabte ganz übersehen mußte. Cathérine stützte sich leicht auf seinen Arm, hob mit zwei Fingern ihren Rock an, daß die Falten knisterten, und war wie eine Feder aus der Kutsche gehüpft. Ich aber trat mir schon gleich auf die vielen Unterröcke. Man hörte es laut reißen. Cathérine bekam vor Scham hochrote Wangen. Und ich erst! Aber da wisperte sie schon: „Kommen Sie, liebes Kind. Wir werden den Saum anstecken. Es hat nichts zu bedeuten. Kopf hoch! Lassen Sie sich nichts anmerken!"
Der Diener grinste mich so frech an, daß ich am liebsten unter meiner warmen Zudecke gelegen hätte. Er hatte alles gehört. Immer muß mir so was passieren, immer! Am liebsten hätte ich dem Kerl die Zunge rausgestreckt. Ein Glück, daß Cathérine mich an der Hand hielt und in eine Ecke drängte, um mir den blöden Rocksaum hochzustecken. Dann waren wir endlich im ersten Salon eines kleinen Schlößchens. Ringsum funkelten an den Wänden unzählige Spiegel, in denen sich die zuckenden

Kerzenflammen begegneten. Blumensträuße standen auf goldverschnörkelten Gesimsen. Der Raum war erfüllt von einer betäubenden Mischung aus ihrem Duft und den Parfums der Gäste. Mir wurde ganz schwindlig davon. Davon und auch vom Stimmengewirr um mich herum und vom Anblick der vielen schwatzenden, lachenden, tanzenden Leute.

Wo war denn bloß ein Sofa? Ich war auf einmal so müde. Wenn ich doch nur einen Augenblick lang irgendwo hätte sitzen oder liegen können! Ich drehte mich nach links und nach rechts. Fremde Leute rempelten mich an. Meine Schäferin und ihr Louis waren irgendwo. Ich bekam Küsse und Kosenamen. Einer wollte mit mir tanzen, und einer sagte, ich sei allerliebst und wie ich denn heiße. Mir dröhnten die Ohren, alles schwamm vor meinen Augen, und schon fuhr ich mir mit beiden Händen ins Haar. An den Mondpfeil kam ich eigentlich gar nicht dran, höchstens ein winziwunzigkleines bißchen. Trotzdem hat's auf einmal furchtbar geklirrt. Ich hab' dann ganz langsam rumgeschaut. Ich versteh's ja selber nicht, aber da saß ich vor Großmutters Schrank auf dem Boden, und vor mir lag die Schäferin mit ihrem Louis in Scherben. Die Schranktüren standen weit offen. Mein Mondpfeil war weg, mein tolles Kleid auch, und die Kutsche war im Ölbild wie immer. Sogar der Nußknacker stand auf dem Kaminbord. Gerade so, als wäre gar nichts gewesen.

In dem Moment kam Großmutter rein. „Ja, um Himmels willen, Denise!" rief sie und rannte auf mich zu. „Was hast du denn da bloß wieder angestellt? Hast du dich etwa verletzt? Die schöne Schäferin! Und der kleine Hofkavalier! Ach, Denise!"

Ich stand auf und heulte.

„Der Mond, Großmutter", wollte ich eben zu erzählen anfangen, als meine Mutter dazukam. Mit einem Blick hatte sie die Lage erfaßt und nahm uns in die Arme. Großmutter in den einen, mich in den anderen.

„Denise ist schon immer anfällig für Mondschein gewesen", sagte sie und drückte uns beide an sich. „Bestimmt hat sie die Figürchen nicht absichtlich kaputt gemacht, Mama. Du weißt doch, wie lieb sie die Figurinen hatte. Sie wird geträumt haben. Nicht wahr, mein Kleines?"

„Wir könnten sie doch heil machen lassen", sagte ich und konnte gar nicht auf-

hören zu heulen. „Ich könnt's doch von meinem Taschengeld bezahlen. Bitte, Mama!"
Großmutter nagte ein bißchen an ihrer Lippe. „Wert wären sie's schon, die beiden", sagte sie.
„Wir geben sie bei Kohlmann ab", sagte meine Mutter. „beim jungen, der ist doch Porzellanrestaurateur. Und wenn dein Taschengeld nicht reicht, stiften wir beide was vom Haushaltsgeld dazu. Was meinst du, Mutter?"
„Also gut", sagte Großmutter.
Sie klaubte die Scherben auf und legte sie in Louis' Schachtel. Das kleine Schaf fanden wir im Blumenfenster. Es war ganz heil geblieben.
„Komisch", sagte Großmutter und blies ihm ein paar Krümchen Blumenerde von der Nase.
Ich hätte ihr ja sagen können, was geschehen war. Aber sie hätte mir doch nichts geglaubt. Erwachsene sind so. Oder?

Links bestrickt, rechts bestrickt, in der Mitte ganz verrückt...

Kennt einer von euch die Strickliesel aus der Zählmustergasse in Zweilinkszweirechtsingen?

Wißt ihr auch, wie die ganze Geschichte angefangen hat, damals, am Valentins-Nachmittag?

Damals war die Strickliesel ein Mädchen von zehn oder so. Sie hieß auch noch ganz normal Elisabeth Stricker und hatte bis zu diesem Nachmittag von Strickzeug nur gewußt, daß ihre Oma eins hatte.

„Du liebe Zeit, wie du dich langweilen kannst!" sagte ihre Mutter an diesem Nachmittag so oft zu ihr, daß es sich anhörte, als wenn eine Schallplatte kaputt ist und immer wieder an derselben Stelle hängenbleibt. „Hast du denn gar nichts, womit du dich beschäftigen kannst?"

Das Mädchen Elisabeth hatte nur den Kopf geschüttelt und eine Schnute gezogen.

„So", sagte ihre Mutter irgendwann. „Jetzt komm mal her. Jetzt zeig' ich dir, wie Stricken geht. Dann hast du doch wenigstens etwas zu tun. Und etwas Nützliches obendrein."

Sie nahm ein Knäuel weißer Wolle aus dem Korb, zwei Nadeln dazu, und dann ging's los.

Maschenanschlag, wie man den Faden um den einen immer gestreckten Zeigefinger und unter dem anderen immer krummen kleinen Finger durchschlingt, wie man mit der einen Nadel den Faden durch eine Masche angelt, die dauernd von der anderen Nadel runterkullern will – alles, alles zeigte sie Elisabeth. Der weiße Wollfaden wurde ein bißchen grau dabei. Später, als Elisabeth allein weiterstricken sollte, wurde er sogar ziemlich gräulich. Und bis der Topflappen fertig war, war die Wolle fast einheitlich schwarz.

„Macht nichts", sagte die Mutter. „Topflappen sind sowieso dauernd schmutzig oder angesengt. Strick mir am besten gleich einen zweiten dazu."

„Ich hab' aber keine Lust mehr", sagte

Elisabeth. „Ich möchte viel lieber einen Hund, als immer dieses doofe Stricken."
„Du mit deinem Hund!" rief die Mutter. „Dann strick dir doch einen, verflixt noch mal!"
Elisabeth stand erst ein Weilchen in der Küche rum und nagte an ihrer Unterlippe.
„Also gut", sagte sie dann.
Sie suchte sich Wolle aus Mutters Strickkorb aus, weiße und graue und ein Restchen schwarze. Diesmal hatte sie den Dreh mit dem Maschenanschlag und der Abstrickerei gleich raus. Sie strickte und strickte. Gegen Spätnachmittag war der Hund fertig. Er sah aus wie selbstgestrickt, ein bißchen von jeder Rasse. Und er hatte nur einen Stummelschwanz.
„Ich stricke dir eine Pudelmütze", sagte Elisabeth zu ihm. „Dann bist du ein Pudelhund."
Als die Mütze fertig war, sagte der Hund: „Das ist alles gut und schön. Aber wenn ich ein Pudel sein soll, wo sind meine Locken? Mir ist kalt, wenn du verstehst, was ich meine."
Da strickte Elisabeth ihm einen Mantel. Und weil ihr Hund ja wohl auch einmal gassi gehen würde, gleich noch eine Leine, einen Maulkorb, falls er mal bissig wäre, und ein Paar besonders wasserfeste Schuhe dazu.
Sie nahm gerade die Maschen des linken Schuhs ab, da machte es über ihr „Petsch!", und die Glühbirne war hin.
„So was Dummes!" rief Elisabeth. „Wo ich gerade so gut drin bin!" Und klipperklapper strickte sie sich eine neue Glühbirne. Eine mit Superglühfaden gegen Durchbrennen.
Natürlich sieht eine gestrickte Glühbirne nur in einer passenden Lampe richtig gut aus. Und wenn erst einmal Glühbirne und Lampenschirm passend sind, kann man es mit normalen Möbeln und Bildern an den Wänden überhaupt nicht mehr aushalten.
Elisabeth strickte und strickte. Sie kam kaum noch vor die Haustür.
Neulich habe ich gehört, daß sie sich jetzt einen Freund strickt. Einen geringelten, aus Resten.

Vom Geist in der Handtasche

Es war einmal eine Tasche. Genau gesagt: eine Handtasche. Und noch genauer: eine Damenhandtasche.
Sie war aus fünfundfünfzig braunen Lederstückchen zusammengenäht, und oben lief eine geflochtene Schnur durch zwölf golden glänzende Lochnieten. Daran konnte man die Tasche auf- oder zuziehen. Je nachdem. Seit sieben Monaten – kann sein, es waren auch schon siebeneinviertel – hing die Tasche an einem Haken in Leder-Müllers Schaufenster.
Die Sonne beschien die vordere Hälfte der fünfundfünfzig Lederstückchen. Die hintere Hälfte blieb im Schatten. Mit der Zeit bekamen die vorderen Lederstückchen einen Sonnenbrand.
Das sieht bei Ledertaschen genau umgekehrt aus wie bei dir oder bei mir. Wieso? Erinnere dich mal: Wenn du Sonnenbrand bekommst, nimmst du Farbe an. Stimmt's? Du wirst zuerst rot und später vielleicht braun. Ledertaschen nehmen keine Farbe an, sie bleichen aus. Zuerst werden sie schmutziggelb, dann grau und zuletzt fast weiß.
Die Tasche in Leder-Müllers Schaufenster hatte nach sieben Monaten so eine Art gelb-grau-weißes Würfelmuster. Jedenfalls vorne. Die Rückseite war braun. Aber das sah sowieso keiner, der vorne zum Fenster reinschaute.
Eines Tages ging eine Frau an Leder-Müllers Schaufenster vorbei.
Es war eine kleine, dünne Frau. Sie hatte einen Mantel an, der schon etwas unmodern war, und trug ein Hütchen auf dem Kopf. So eines, wo über der Stirn ein schwarzer Tüllschleier mit vielen Knötchen hängt. Ihr Gesicht sah blaß aus unter dem schwarzen Schleier. Und vielleicht wirkten deshalb ihre Augen so groß und braun und leuchtend.
Als die Frau vorbeiging und flüchtig ins Schaufenster sah, dachte die Tasche: „Jetzt!" und zappelte einmal. Nur einmal und nur kurz, gerade stark genug, daß es auffiel.
Die Frau war schon einige Schritte an Leder-Müllers Schaufenster vorbei, als

ihr bewußt wurde, daß irgend etwas im Schaufenster ungewöhnlich gewesen war. Sie schüttelte den Kopf und ging zurück.

Sie schaute in das Fenster, und da war es, als hinge nichts darin, als nur diese eine Tasche.

„Nein, wie apart!" sagte die Frau und meinte damit, die Tasche sei etwas ganz Besonderes, ungewöhnlich Reizvolles.

„Diese Tasche möchte ich und keine andere!"

Und kling, klong! ging sie zur Ladentür hinein.

Herr Leder-Müller klapperte mit den Augenlidern, so überrascht war er. Mehr ließ er sich jedoch nicht anmerken. Schließlich war er Geschäftsmann und ein guter obendrein.

„Sehr wohl, die Dame", sagte er. „Diese Tasche, aber gern. Wir lassen sie Ihnen um die Hälfte. Sie ist ein wenig, was sage ich, kaum merklich verblichen. Die Sonne, Sie verstehen."

„Apart", sagte die Frau und lächelte unter ihrem schwarzen Schleierhut.

„Gerade so wollte ich sie. Vielen Dank."

Herr Leder-Müller machte einen Diener. So einer, wo die eine Hand bei den Knien baumelt und die andere das Jakkett vor dem Bauch zuhält. Dort war nämlich ein Knopf abgesprungen, einfach so, prrrt, über den Ladentisch geschnurrt. Und das sollte die Frau nicht sehen. „Wir haben zu danken, gnädige Frau", sagte er und zog den Bauch ein, damit seine Brust schöner gewölbt aussah. „Beehren Sie uns bald wieder, gnädige Frau. Stets zu Diensten, bitte sehr."

Herr Leder-Müller war nämlich nicht nur Geschäftsmann, er war auch ein feiner Herr, der wußte, wann er es mit Damen zu tun hatte und wann nicht. Und diese Frau war eine Dame, das sah er mit einem Auge.

„Sehr gern", sagte die Frau und schlenkerte ihre neue Handtasche am Handgelenk. „Auf Wiedersehen."

Kling-klong bimmelten die Messingglocken über der Ladentür ihr nach. Herr Leder-Müller aber hängte eigenhändig eine neue Tasche in sein Schaufenster. Eine, die nicht so leicht ausbleichen würde.

„Daß Sie mir ja die neue Tasche täglich wenden, Fräulein Hoon", sagte er zu seiner Verkäuferin. „Noch so einen Ladenhüter wie die Flickentasche von eben, und wir müssen Ihnen den Ausfall vom nächsten Lohn abziehen."

„Sehr wohl, Herr Leder-Müller", sagte

Fräulein Hoon und tippte sich an die Stirn.
Herr Leder-Müller sah es nicht. Der stand nämlich hinter seiner Schaufenstergardine und schaute der Frau von eben verstohlen nach.
„Jung ist sie nicht", dachte er. „Schön ist sie nicht. Aber apart, das ist sie."
Und dann wandte er sich seufzend seinen Geschäftsbüchern zu.
Die Frau hatte noch nie gedacht, daß sie apart sein könnte. Sie dachte eigentlich überhaupt nicht viel über sich selber nach. Sie hatte genug anderes zu denken. Weil sie aber viel dachte und selten jemanden zum Drüberreden bei sich hatte, sprach sie gern mit sich selbst.
„Wie schön, wie weich, wie fein du bist!" sagte sie und streichelte jedes der fünfundfünfzig Lederstückchen ihrer neuen Tasche mit dem Zeigefinger.
„Du auch!" sagte die Tasche.
„Wie bitte?" fragte die Frau ein wenig erschrocken und verwundert und sah sich um.
Ein junger Mann ging hinter ihr. Einer von diesen langhaarigen Lederjackentypen mit Flicken auf dem Hosenboden und schiefgetretenen Schuhen. Außerdem trug er die Haare zu einem Pferdeschwanz gebunden.

„Ist was?" fragte er, weil die Frau ihn anschaute, und lachte.
„Flegel!" sagte die Frau. Sie mochte es nicht, auf der Straße angequatscht zu werden, und von solchen Lederjackentypen schon gar nicht. Der junge Mann zuckte mit den Schultern und sah weg. Komische alte Schachtel! dachte er. Aber man sagt ja nicht gleich alles, was man denkt. Oder?
„Das war nicht nett von dir!" sagte die Tasche.
Es hörte sich an, als hätte der junge Mann gesprochen.
„Ich muß doch sehr bitten!" sagte die Frau und schaute den jungen Mann ernstlich böse an, als er an ihr vorbeigehen wollte. „Anständige Leute anzupöbeln. Ein Benehmen heutzutage, ein Benehmen!" Ihre dunklen Augen funkelten, so zornig war sie.
„Wer pöbelt?" fragte die Tasche.
Der junge Mann kaute auf seinem Kaugummi herum. Er zog den Mund schief, als spräche er aus dem Mundwinkel.
„Ach, mit Ihnen rede ich doch gar nicht!" sagte die Frau zu ihm. Sie gingen noch immer nebeneinander. Der Bürgersteig war breit genug für zehn Leute.
„Sie sollten sich schämen, junger Mann!" sagte die Frau.

27

Und dann bog sie mit ihrem hastigen Schritt in die Flickenschildstraße ab. Der junge Mann schaute ihr nach. Beide Hände in den Jackentaschen, so stand er da.

„Spinnt!" sagte er und spuckte seinen Kaugummi in den Rinnstein. „Die spinnt total."

Die Frau stand hinter einem Kleinlaster vor dem Buchladen in der Flickenschildstraße. Sie hörte genau, wie er lachte. Sie kniff die Lippen fest zusammen und stampfte mit einem Fuß auf. Das hatte sie schon als kleines Mädchen getan, wenn sie wütend war und nichts tun konnte, um ihre Wut loszuwerden. Erst, als der junge Mann weitergeschlendert war, trat sie aus dem Schatten des Kleinlasters hervor.

„Gott sei Dank", sagte sie und beeilte sich, in die Hauptstraße zurückzugehen. „Den bin ich los."

„Wen?" fragte die Tasche. „Mich?"

Der junge Mann lehnte an einer Litfaßsäule, gleich hinter der Wegkreuzung zur Hauptstraße. Er war verabredet. Er packte eben einen frischen Kaugummi aus, als die Frau auf ihn zukam. Kein Wort hatte er gesagt, aber er hatte so ein Gesicht, als ob er immer gerade eben etwas gesagt hätte. Die Frau blieb stehen. Sie nahm allen Mut zusammen. Jetzt wollte sie es diesem Lümmel aber sagen.

„Ich glaub', ich mag dich doch nicht so", sagte die Tasche.

Die Frau bekam rote Flecken im Gesicht.

„Hilfe!" rief sie. „Hilfe!" Und deutete dabei mit dem Zeigefinger auf den jungen Mann.

Zwei andere Männer sprangen herzu.

„He", fragte der eine, „ist was los?"

Der andere packte den jungen Mann am Arm.

„Mach mich nicht an!" sagte der junge Mann und ruckte mit den Schultern unter seiner Lederjacke.

„Halten Sie ihn fest!" rief die Frau. „Er hat mich belästigt. Die ganze Zeit schon. Er ist ein Flegel."

Sie wußte selbst nicht, woher sie den Mut nahm, so zu reden. Aber wahrscheinlich war es wegen dieses Films, den sie gestern im Fernsehen gesehen hatte. Der, in dem so ein junger Kerl, so ein Lederjackentyp mit genau so einer merkwürdigen Frisur, die Frau überfallen hatte. „Rocker in Aktion" oder so ähnlich hatte der Film geheißen.

Der junge Mann steckte seinen Kaugummi halb ausgepackt in die Jackenta-

sche. „Die Alte spinnt doch", sagte er. „Die hat doch 'n Tick."
„Na, warte, Bürschchen!" sagte der Mann, der ihn immer noch am Arm gepackt hielt. „Das haben wir gleich."
„Ruf mal an", sagte er und winkte seinen Freund zu sich, der nicht wußte, was er von der ganzen Sache halten sollte. „Polente soll kommen."
Weiter vorn in der Hauptstraße gab es eine Telefonzelle. Nur eine offene Sprechmuschel mit Apparat an der Rückwand. Ohne Tür und alles. Da zerrten sie den jungen Mann hin.
Die Frau trippelte hinterher. Die Tasche hatte sie so fest unter den Arm geklemmt, daß sie keinen Muckser von sich geben konnte.
„Laß das Früchtchen bloß nicht verschwinden!" sagte der eine Mann zu seinem Freund. „Wenn er alte Damen belästigt, belästigt er auch junge. Vielleicht ist deine Frau die nächste."
„Keine Bange", sagte der Freund. Er ließ seine Muskeln den Hemdsärmel rauf- und runterrollen.
Der junge Mann stand sehr still.
„Die Frau ist doch nicht normal", sagte er zu dem Muskelmann und schaute die Frau auf eine neugierige und zugleich ängstliche Weise an. „Die quatscht mit sich selbst oder ist Bauchredner oder so was. Die leidet an Verfolgungswahn."
„Schnauze!" sagte der Muskelmann.
„Polizei kommt gleich!" sagte der Mann aus der Telefonzelle und hängte den Hörer ein. „Wir sollen uns auf nichts mit ihm einlassen."
„Schade!" sagte der Muskelmann.
Der junge Mann schaute sich um, als wolle er weglaufen. Aber er blieb. „Ich hab' nichts gemacht", sagte er. „Wirklich."
Die Frau wurde rot. Hätte ich doch bloß nichts gesagt, dachte sie.
„Was wollten Sie denn nur von mir?" fragte sie. „Ich hab' Ihnen doch gar nichts getan."
„Ich dachte, du wärst die Richtige", sagte die Tasche gequetscht. „Du hattest so was in den Augen."
„Da sehen Sie's, da hören Sie's!" rief die Frau aufgeregt und zupfte den Muskelmann am Hemd. „Er sagt schon wieder so was!"
„Hören schon", sagte der Muskelmann und musterte die Frau mißtrauisch.
„Aber der Rocker, Sie, der hat den Mund nicht aufgemacht. Da leg' ich meine Hand für ins Feuer. Keinen Mucks hat er gesagt."
„Sag' ich doch!" rief der junge Mann.

„Die spinnt total."
„Werd bloß nicht pampig!" sagte der Muskelmann und zerdrückte ein Lachen zwischen den Fingern, mit denen er in seinem Bart spielte. „Wart's ab, wenn die Polizei da ist. Die macht das schon. So oder so."
„Aha", sagte der junge Mann und blinzelte der Frau mit einem Auge zu. Sie tat ihm eigentlich leid, wie sie da so stand mit ihrer Tasche vor der Brust und diesem verlegenen Gesicht.
„Du quetscht mir noch die Luft ab", sagte die Tasche in diesem Moment. „Willst du mich wohl loslassen!"
„Als ob ich Sie jemals angerührt hätte!" rief die Frau und sprang zwei, drei kurze Schritte von den Männern weg.
Der Polizist war lautlos hinter sie getreten. „Was geht hier vor?" fragte er. Mit strengem Blick sah er von einem zum andern.
„Gut, daß Sie endlich kommen!" rief die Frau und unterdrückte ein Weinen. „Dieser junge Mann..."
„... hat offenbar überhaupt nichts auf dem Kerbholz", sagte der Muskelmann. „Die Dame, Sie verstehen..." Er drehte den Zeigefinger, als wolle er ein Loch in seine Schläfe bohren. „Behauptet, er hat sie angemacht."

„Genau wissen kann man's aber nicht", sagte der andere Mann.
Ein paar Leute, die vorbeikamen, blieben neugierig stehen.
„Bankräuber, was?" fragte irgendeiner.
„Bankräuber!" wiederholte eine Frau, die sich schon immer heimlich gewünscht hatte, mal Zuschauer bei einem Bankeinbruch zu sein. Gleich rempelte sie eine andere Frau an und schrie ihr ins Ohr, der junge Mann in der Lederjacke, das sei der Bankräuber.
„Oh!" wisperte die andere Frau. „Und die Alte, die mit der Tasche? Die hat das Geld? Nein, wie aufregend!"
Der Polizist schob einen Finger hinter seinen Kragen. Die Geschichte konnte ja heiter werden. Gleich würden hier Massen herumstehen. „Mitkommen!" sagte er und winkte der alten Frau, dem jungen Mann und den beiden Zeugen. „Alle mitkommen. Das klären wir auf der Wache."
„Haben Sie vielen Dank, Herr Kommissar!" sagte die Frau erleichtert und steckte sich ihre neue Tasche ordentlich unter den Arm.
„Von wegen Kommissar", sagte die Tasche. Sie sprach sehr laut. Jeder konnte hören, daß die Stimme unter dem Arm der Frau hervordrang.

Auch die Frau hatte es gehört.
Sie hielt die Luft an, starrte den Polizisten an, starrte die Tasche an.
Der Polizist schob seine Mütze tief in seine Stirn.
„Sie können gehen", sagte er zu dem jungen Mann und nahm die Frau mit festem, doch behutsamem Griff am Arm. „Sie auch, meine Herren Zeugen. Die Sache hat sich erledigt. Ich werde die Dame zu ihrem Arzt begleiten. Es wird sich alles aufklären. Nichts für ungut, die Herren. Auf Wiedersehen."
„Wieso denn zum Arzt begleiten?" fragte die Frau. „Ich verstehe nicht."
„Nur nicht aufregen!" sagte der Polizist und winkte seine Kollegin aus dem Funkstreifenwagen herbei. „Wissen Sie, wie Ihr Arzt heißt?"
„Dr. Kußmaul", sagte die Frau verwirrt.
Links die Kollegin, rechts er selbst, so wurde die Frau zum Funkstreifenwagen geführt. Der Polizist war sicher, eine Geisteskranke aufgegriffen zu haben, die überdies bauchreden konnte oder etwas anderes dieser Art.
„Steigen Sie bitte ein", sagte er und gab sich Mühe, so freundlich und sanft zu sprechen wie möglich. „Wir wollen Ihnen nur helfen. Kommen Sie."
„Wenn Sie möchten, komme ich gern mit", sagte der junge Mann in der Lederjacke. „Jeder spinnt doch mal, oder nicht?"
„Du lieber Himmel", sagte die Frau und preßte ihre Tasche an sich, weil sie sonst nichts hatte, um es an sich zu drücken.
Mag sein, die Frau hatte feuchte Finger, so daß ihr die Tasche entgleiten konnte. Mag sein, der Polizist streifte sie ihr von der Schulter oder unter dem Arm weg. Jedenfalls plumpste die Tasche genau in dem Augenblick aus der Autotür, als die Frau von hinten in den Funkstreifenwagen geschoben wurde und der Wagen anrollte. Einer der Autoreifen rollte über die Tasche hinweg und schleuderte sie hinter sich.
Der junge Mann sah, wie sich die Tasche davonmachte. Sie sprang weg wie einer, der Sackhüpfen spielt. Er sah es genau. Aber er sagte nichts und lief ihr auch nicht nach. Er rieb sich die Augen. Einmal verrückt ist genug, dachte er und stapfte pfeifend, beide Hände tief in den Jackentaschen, in die entgegengesetzte Richtung.

Der Osterhase

Heinrich Malien fuhr diese Strecke seit Jahren. Sie war ihm vertraut wie sein eigenes Gesicht. Nie war ihm etwas anderes begegnet als Autos oder höchstens mal ein Motorrad.
An diesem Morgen aber saß ein Hase da. Ein dicker weißer.
„Holla", sagte Heinrich und schob seine Motorradbrille von anno dazumal auf seine faltige Stirn. Dann stieg er ab und bockte seinen klapprigen Motorroller auf.
Der Hase duckte sich. Aber er blieb sitzen. Seine Augen glühten im schräg fallenden Sonnenlicht. Eines rot, eines braun, und über dem braunen Auge hatte er einen schwarzen Fleck.
Heinrich schnupfte. Seine Nase leckte, denn der Wind blies kalt, trotz des Sonnenscheins.
„Holla", sagte er nochmals. „Du bist genau richtig, mein Lieber."
Er schlich sich heran, gebückt und auf Zehenspitzen. Den letzten halben Meter überwand er in einem Hechtsprung oder doch so etwas ähnlichem.
Den Hasen fing er dabei aber nicht. Der hatte sich erschrocken und einen Hopser zur Seite gemacht. Jetzt saß er da und blinzelte Heinrich an. Jede seiner Wimpern schimmerte einzeln über den vorgewölbten Augäpfeln.
„Denkst wohl, ich krieg' dich nicht?" fragte Heinrich und kratzte sich am Kinn. „Denkst wohl, du bist schlauer?"
Er blieb still liegen, so wie er sich hingeworfen hatte. Der Hase guckte starr. Seine Nase zuckte nervös. Schließlich hopste er näher.
„Komm, komm her", lockte Heinrich und robbte langsam dichter heran. Als er seine Hand ausstreckte, ließ sich der Hase fangen.
„Ein prächtiger Bursche", sagte Heinrich und hielt ihn am Nackenfell hoch. Da baumelten die langen Hinterläufe des Hasen so jämmerlich herunter, daß er Heinrich leid tat.
Heimzu fuhr er mit dem Hasen unter der Jacke und pfiff dabei wie ein Gassenjunge.
Elvira, Heinrichs Frau, hängte im

Garten Wäsche auf. Die Socken zu den Socken, die Unterhosen zu den Unterhosen. Alles mußte seine Ordnung haben.

„Da, unser Osterbraten!" rief Heinrich schon von weitem.

Elvira legte die Hand über die Augen, zog die Oberlippe hoch und strengte ihre kurzsichtigen Augen an.

„Jesus!" rief sie zurück. „Kommt dieser Mensch mit einem lebendigen Karnickel an! Hat's denn kein fertig geschlachtetes gegeben?"

„Hm, ja, nein?" sagte Heinrich und erzählte von der Straße, dem Hasen und wie er ihn gefangen hatte. Er übertrieb ein bißchen, und von seiner Bauchlandung sprach er kein Wort. Aber der Hase verriet nichts. Heinrich streichelte ihn sanft.

„Wir brauchen einen Stall", meinte Elvira. „Bis Ostern sind es noch zwei Wochen."

Also baute Heinrich aus alten Schwartenbrettern, etwas Maschendraht und Dachpappe einen Stall. Elvira legte einen sauberen Kopfkissenbezug hinein und hängte eine schon ziemlich oft geflickte Schürze darüber. Eine Möhre und zwei Salatblätter schob sie in eine Ecke.

Dann setzten sie den Hasen hinein, klinkten den Holzriegel an der Stalltür zu und gingen ins Haus.

Es wurde Abend. Der Wind rüttelte an den Fensterläden.

Heinrich paffte dicke Rauchwolken aus seiner Stummelpfeife.

„Meinst du nicht, der Hase friert?" fragte er schließlich mit einem Räuspern.

„Naja", antwortete Elvira. Sie strickte gerade an einem Pullover. „Meinst du, wir sollten mal nach ihm sehen?"

Gemeinsam stapften sie zum Hasenstall. Gemeinsam lüpften sie die alte Schürze, die ihn abdecken sollte.

Der Hase saß still in der hintersten Ecke. Gefressen hatte er nichts.

„Er fühlt sich einsam", murmelte Heinrich.

„Den hat wer ausgesetzt", meinte Elvira.

„Das ist mal gewiß. Der kennt Menschen. Eine Gemeinheit ist so was. Ein Tier auszusetzen."

Der Hase wehrte sich nicht, als Heinrich ihn in die gute Stube trug. Er duckte sich unter den Tisch. Seine Augen schillerten geheimnisvoll und sanft, so oft Heinrich hinschaute.

Die Möhre hatte Elvira mitgenommen und dicht ans Tischbein gelegt.

Heinrich hatte schon die Augen zu sei-

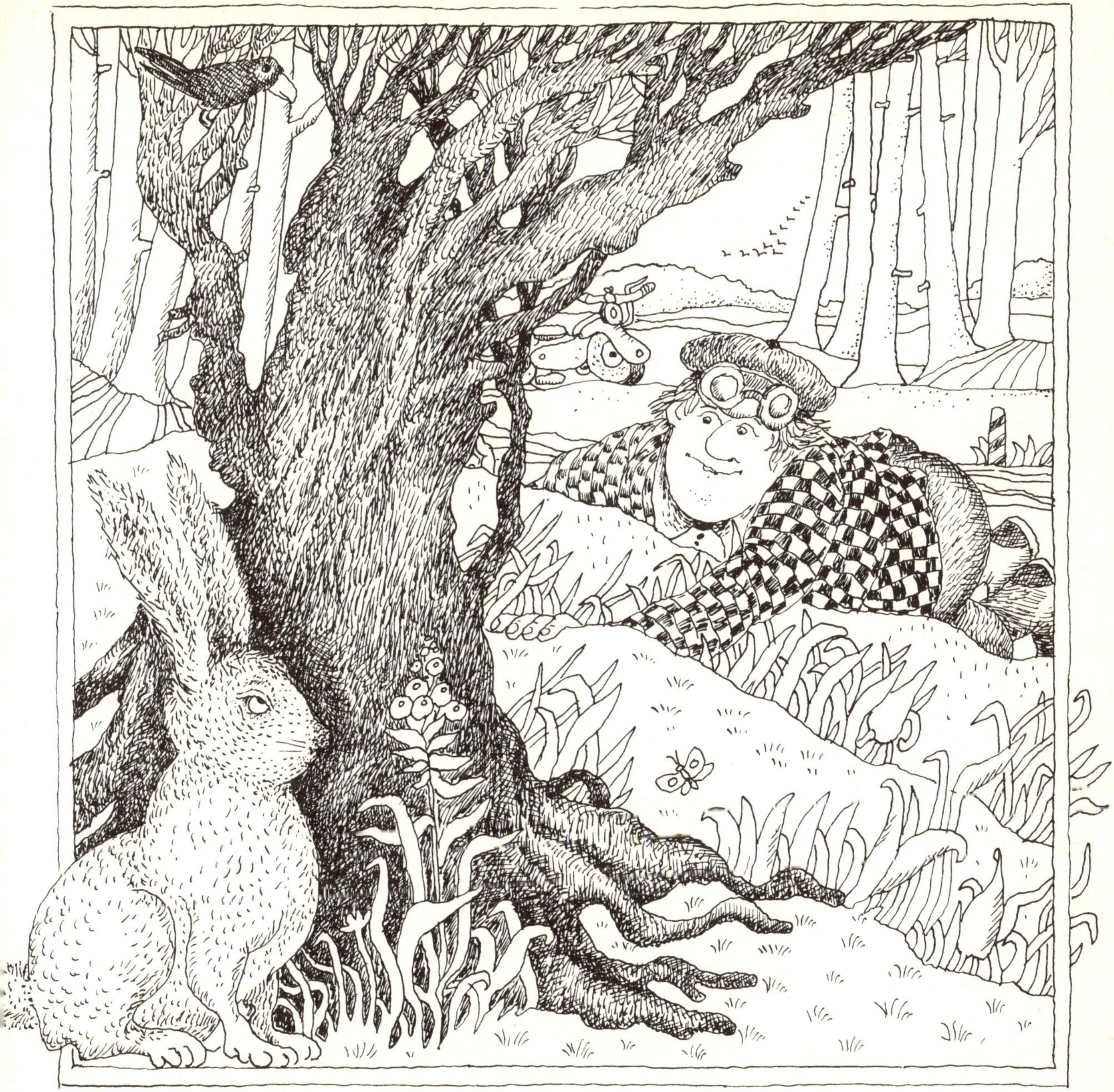

nem Fernsehnickerchen geschlossen und schnarchte leise, da hörte Elvira es raspeln: Der Hase fraß.
Er lebt sich ein, dachte sie. Da wird er schön fett sein bis Ostern.
Zum Schlafen brachten Heinrich und Elvira den Hasen in die Küche. Elvira räumte ihre Herdschublade aus. Dort hatte es der Hase bequem und warm. Schon am nächsten Morgen hoppelte der Hase überall herum. Er kroch unter das breite Ehebett im Schlafzimmer, ließ ein paar schwarze Krümel auf den guten Teppich im Wohnzimmer fallen und knabberte Elviras Sonntagsschuhe an.
„Laß ihn", meinte Heinrich. „Seine letzten Tage soll er genießen."
Später trollte sich der Hase in den Garten. Er sah zu, wie Heinrich umgrub und scharrte fachmännisch nach. Er beäugte Elviras Samenreihen im Frühbeet, mümmelte von den extra fein gefüllten Tulpenknospen und sauste im Zickzack durch das Erdbeerbeet. Es ging ihm gut.
Abends, wenn sie gemeinsam vor dem Fernseher saßen, sprachen Heinrich und Elvira gerne von ihrem Festtagsbraten. Der Hase, den sie Matz genannt hatten, kuschelte sich in eine Sofaecke und hörte zu.

„Sahnepüree und Rosenkohl zu gespicktem Hasenrücken – köstlich!" seufzte Heinrich und kraulte Matz das Nackenfell.
„Oder Hasenpfeffer mit Böhnchen in brauner Butter und Klöße", meinte Elvira, der schon beim bloßen Reden der Mund wäßrig wurde.
Matz grunzte im Schlaf.
Heinrich und Elvira lächelten sich an. Das hatten sie lange nicht getan.
So wurde es Ostern.
„Ja, also", sagte Elvira und mußte schlucken, weil die Worte im Hals festsaßen. „Dann gehst du wohl mit ihm in die Waschküche."
Heinrich trat von einem Bein aufs andere. „Ach", sagte er.
Matz knabberte an seinem Löwenzahn und legte die Ohren an.
„Ach", sagte Heinrich nochmal. „Wo er doch noch frißt."
„Ja", sagte Elvira.
Sie standen Schulter an Schulter beisammen und schauten Matz beim Fressen zu.
„Ist er nicht viel zu mager?" fragte Heinrich nach einer Weile. „Da schmeckt einer ja bloß den Speck vom Spicken, wenn er *den* mageren Rücken abnagen soll."

„Hab' ich auch schon gedacht", nickte Elvira. „Ich wollt' ja bloß nichts sagen. Weil du doch immer gleich so hochgehst, wenn du dich ärgerst."
„Eigentlich ist es schade drum, wenn wir ihn jetzt schon essen", sagte Heinrich. „Noch ein Jahr, du. Der beste, ach was, der allerbeste Braten könnte aus ihm werden."
So bereitete Elvira für Ostersonntag einen bunten Kartoffelsalat mit Würstchen zu und suchte ganz hinten im Vorratsraum nach der letzten, schon angestaubten Flasche vom Silberhochzeitswein, den sie für ganz besondere Anlässe aufgehoben hatte. Für Matz gab es ein Kästchen selbstgesäter Kresse.

Ein Feuersalamander erzählt

Ob einer von euch mich schon mal gesehen hat, weiß ich nicht. Ich jedenfalls kenne euch. Und wie! Mir langt's. Ade! Ich soll mich wenigstens vorstellen? Von mir aus. Also gut. Aber daß ihr eure Finger von mir weg laßt!
Mein Name ist Feuersalamander, genannt Salamandra salamandra terrestris. Klingt vornehm, was? Früher, ja, da waren wir noch wer. Da glaubte jeder, wir wären aus dem Feuer geboren und könnten im Feuer leben. Ist natürlich Quatsch, können wir nicht. Aber die Leute kamen wahrscheinlich wegen unserer Körperfarben drauf: Kohlrabenschwarz mit gelben oder orangeroten Flecken – das ist wie Kohle mit Feuerzungen drüber. Klar.
Heute sind wir auf ein kleines Häufchen zusammengeschrumpft und stehen unter Naturschutz. Wenn das mit dem ganzen Umweltschmutz so weitergeht, sind wir bald völlig weg von der Bildfläche. Oder könnt ihr euch vorstellen, daß ihr von Abwasser führenden Bächen groß und stark würdet?

Meine eigene Leidensgeschichte fängt mit einem Unwetter an. Dieser Regen, ihr wißt schon, vier Wochen lang, Tag und Nacht. Erst haben wir uns ja alle gefreut. Endlich mal wieder richtigen Matsch zwischen den Zehen, quietschnasses Moos und all das. Dann wurde es schon ungemütlich. In meine Höhle unter der alten Pappel, Auwald 35, gleich links neben dem Altrhein, schwappte das Hochwasser rein. Ich hatte keinen trockenen Halm mehr zum Schlafen. Das war ganz schön übel. In der Nachbarschaft war einem der Baum über dem Dach umgekracht. Wir hörten ihn von unten quieken und piepsen. Aber wir konnten ihm nicht helfen.
Eines Nachmittags war es dann so weit. Der Wind blies tüchtig vom Rhein herüber. Das Wasser rollte. Schwapp, war's bei mir drinnen. Schwapp war's draußen und ich mit. Zum Glück trieb allerhand Grünzeug und Astwerk mit. Frösche glotzten mich von oben an und Molche, jede Menge.
Da hab' ich mich auch irgendwo ange-

klammert und versucht, den Kopf oben zu behalten.
Eine Zeitlang ging's ganz gut. Dann kam ein Strudel. Wild ging's rund. Etwas quetschte mir die Rippen. Immer tiefer ging's hinab. Nie war ich näher dran zu ersticken. Da hörte plötzlich der Rummel auf. Das Wasser nahm mich langsamer mit. Ich konnte den Kopf herausstrecken und einatmen. Tat das gut!
Der Schreck saß mir noch in den Knochen. Es dauerte eine Weile, bis ich mich umschauen mochte. Ich war in einem Gang unter der Erde. In einem Kanal. Ich erinnerte mich. Vorletztes Jahr war ich schon einmal in einen hineingeraten. Das, was mir die Rippen gequetscht hatte, mußte der Kanalrost gewesen sein. Egal. Wo man reinkommt, kommt man auch wieder raus. Dachte ich.
Das Wasser füllte den Kanal bis knapp unter die Decke. Es roch nicht gut. Aber es war zu ertragen. Schachtgitter tauchten über mir auf. Licht blitzte herein. Ich war drunter weg, ehe ich es richtig sah.
Allmählich ließ meine Kraft nach. Ich ließ mich treiben, paßte nur auf meine Nase auf, daß sie oben lag. Schwimmen strengte zu sehr an.

Plötzlich bumste ich gegen ein Rohr. Das Wasser preßte mich vollends hinein. Ich strampelte wie toll. Die Lungen wollten mir platzen. Da, noch ein Klatsch Wasser von hinten – und ich lag längelang in einem kleinen Kasten. Regen fiel durch ein Gitter auf mich herunter und floß rechts und links neben mir durch Löcher wieder ab. Hinter mir ging's durch das Rohr zurück in den Kanal.
So schnell ich konnte, kroch ich in eines der Seitenlöcher. Ich paßte nur halb hinein. Der Schwanz blieb im Kasten zurück. Mir war alles recht, wenn ich nur nicht in das Rohr zurückfiel. So lag ich lange. Müde war ich und ausgehungert. Schlafen, dachte ich, könnte ich sofort. Aber als ich aufwachte, war mein Hunger so gewaltig, daß ich beschloß, mich ins Freie hinauszuwagen.
Die Wand meines Kastens verlief zum Glück ein wenig schräg. Aber der Gitterrost darüber war eng. Ich wand und quetschte mich hindurch. Rücken und Bauch brannten wie Feuer. Ich trug's mit Fassung. Endlich war ich draußen.
Sofort watschelte ich los. Einen Meter in die Länge, einen in die Breite – aus. Wände ragten ringsherum auf, so steil und glatt und hoch, daß ich ihr Ende

nicht erkennen konnte. Zu fressen gab es nichts als eine Mauerassel-Uroma und einen halben Regenwurm. Ich blieb liegen, wo ich gerade stand. Wenn ich schon sterben sollte, konnte es auch da sein.

Wenn dieser Mensch nicht gekommen wäre, ich hätte mich nicht von der Stelle gerührt. Und wenn ich tausendmal vertrocknet wäre! Aber vor Menschen habe ich noch mehr Angst als vor dem Kanal mit seiner Dreckbrühe.

Der Mann starrte mich an, ich starrte ihn an. Ich hörte ihn rufen und laufen. Die Angst gab mir Riesensalamanderkräfte. Jedenfalls genug, um mich wieder in meinen kleinen Kasten zu zwängen und in einem der Seitenlöcher unterzukriechen. Gleich darauf kam der Mann zurück. Einen von euch, so einen Kurzen mit nackten Beinen, hatte er bei sich. Ich sah sie genau aus meinem Loch. Aber sie sahen mich nicht.

Da hockte ich nun in meinem Kasten. Der Regen hatte nachgelassen. Es war feucht und kalt. Ich fror und hatte Hunger und wußte, daß ich sterben würde. Als die Sonne schon tief stand, kroch ich aus meinem Loch und legte mich breit hin. Die Wärme tat mir gut. Ich fühlte mich nur noch müde.

Und die Angst war jetzt ganz klein. Irgendwann war der Mann wieder da. Als er mich entdeckte, blieb er stehen und schrie: „Elke, schnell! Er sitzt doch noch im Sickerschacht!" Eine Frau rannte auf ihn zu. „Im Abfluß vor der Kellertür?" rief sie.

Sie schauten beide zu mir rein, versuchten, den Gitterrost anzuheben. Er saß fest. Sie zogen und zerrten. Der Atem ging ihnen schwer. Dann holten sie eine Stange. Es knackte und dröhnte im Mauerwerk, daß die Erde unter mir zitterte, als sie das Gitter heraushebelten. Ich rührte mich nicht. Jedes Augenblinzeln war mir zuviel. Erst als ich den Schatten einer Hand über mir und den Geruch nach Mensch ganz nahe spürte, rappelte ich mich auf. Die Hand steckte in einer rot und blau geringelten Socke. Sekundenlang schwebte sie zögernd über mir. Ich streckte mich. Das Schlupfloch war so nahe. Da packte die Hand zu. Ich fühlte die Socke rauh an meiner Haut. Schon lag ich in einem anderen kleinen Kasten. In einem ohne Schlupfloch. Ich sah es auf einen Blick. Ich zog den Kopf so nahe an mich wie möglich und lag still. Es geschah mir aber nichts.

Für eine Weile schloß sich ein Deckel

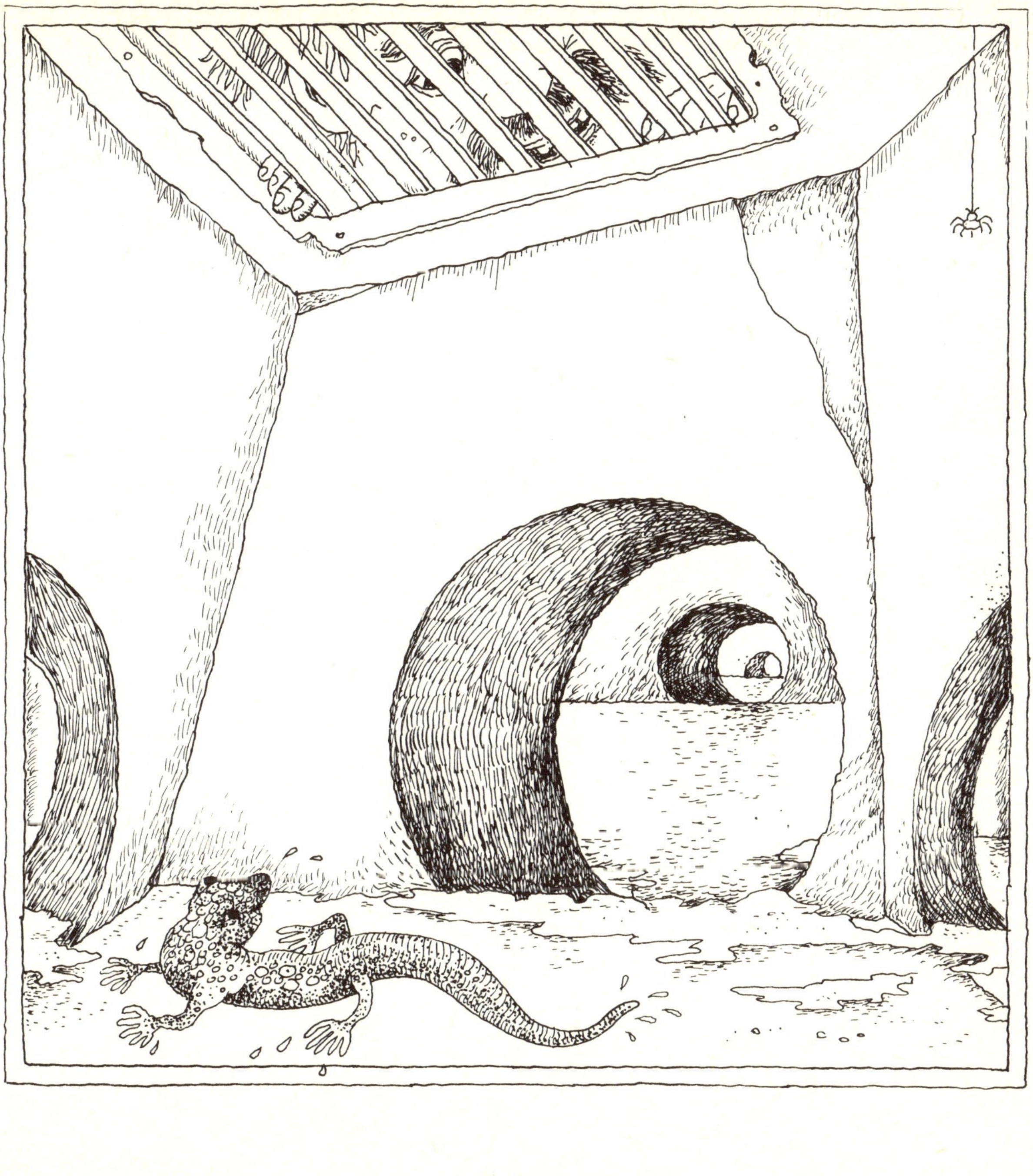

über meinem neuen Kasten.
Ich fühlte, daß ich getragen wurde. Und plötzlich drang der Geruch nach klarem Wasser, nach Gras und Scharbockskraut in meine Nase. Der Kasten wurde schräg gekippt. Ich fiel und rollte. Ich sah den Wald und den Bach und den sandigen Uferrand und dachte, das müßte der Salamanderhimmel sein. Der war's zwar nicht, das hatte ich bald spitz. Es ist auch längst nicht so schön wie bei mir daheim. Und wenn ich bloß eine Spur hätte, würde ich heute noch zurücklaufen. Aber gestern, gestern habe ich ein Weibchen erschnuppert. Schwarz und golden, mit Augen wie Tollkirschen und Füßchen wie Eidechsenbeine. Ich glaube, es mag mich. Es hat so mit den Hüften gewackelt. Ich glaube, ich werde meinen Hochzeitsfrack auffrischen. Eigentlich ist es hier gar nicht so schlecht.

Aquina

Es war einmal ein Wasserfräulein mit dem Namen Aquina, das lebte im tiefen Meer. Es hatte die allerfeinsten braunen und roten Algenlocken, die alabasterzarteste aller Seejungfrauenhaut, die grünsten Smaragdaugen, den unübertrefflichsten mit Silberschuppen und Goldbändern übersäten Fischschwanz und eine Stimme, lieblicher als Schiffsglocken. Selbst die roten Seeanemonen erblaßten, wenn Aquina vorüberschwamm, und die Feuerquallen fanden seither ihre Filigranspitzen geradezu unscheinbar. Jeder Wassermann, jung oder alt, der sie zum ersten Mal erblickte, verliebte sich sofort so heiß in sie, daß sein Herzklopfen Sturmwellen hervorrief und die gewaltigsten Ozeanriesen in Seenot brachte.

Doch öffnete das Wasserfräulein auch nur einmal den Mund, war der Zauber gebrochen: Aquina hatte nämlich keine Zähne, und das ist das Übelste, was es bei Wasserleuten geben kann: Sie mümmelte und nuschelte beim Sprechen, zischte und plusterte ihre Wangen auf, und ihre Nase neigte sich bei jedem Wort dem Munde zu, als wollte sie geradewegs hineinschlüpfen.

Kaum jemand wußte davon, denn Aquina sprach höchst selten. Richtete man das Wort an sie, lächelte sie oder zuckte mit den Schultern oder hob auch nur mal so ihre Augenbraue an. Das war Antwort genug. So kam es, daß jedermann dachte: „Hu, schön und klug. Gott hat ein Wunder vollbracht."

Zuletzt war es so dem jüngsten Sohn des Korallenkönigs ergangen, der um Aquina angehalten hatte. Wochenlang waren sie zusammen ausgeschwommen, hatten Seepferdrennen besucht und Knurrhahnkonzerten beigewohnt. Endlich hatte sich der junge Mann ein Herz gefaßt.

„Willst du meine Frau werden?" hatte er gefragt. „Auf Händen will ich dich tragen, mein Leben lang."

„Ja, mein Geliebter, ich will!" hatte Aquina geflüstert und dabei ein schieferes und dümmeres Gesicht gezogen, als die fetteste Seekuh.

„Warzenkraut und Wasserpest!" hatte der Wassermann geflucht und sich vor Entsetzen mitten in die Seeigelkolonie gesetzt, bei der sie sich in den Armen gehalten hatten. „Eine Hexe bist du, ein Zauberbalg! Verschwinde! Mir aus den Augen, fort! Ehe ich dich den Haien zum Fraß vorwerfen lasse!"
Aquina war stumm davongeschwommen. Die Perlmuttmuscheln aber, die alles mitangehört hatten, behaupteten, sie hätten nie zuvor so wundervoll große Tränenperlen in ihren Schalen aufgefangen wie an diesem Tag.
Lange hatte Aquina sich daheim in ihrem Zimmer verkrochen und gegrübelt. Endlich war sie hinaus in den Garten geschwommen, wo ihr Vater seine Meerschaumpfeife zu rauchen pflegte.
„Ich will zu Väterchen Walroß gehen, lieber Vater", hatte sie gesagt. „Hilft er mir, ist es gut. Hilft er mir nicht, so sterbe ich."
Da hatte der Wassermann ihr seinen Vatersegen gegeben und einen Kuß dazu. Aquina aber war noch in derselben Stunde aufgebrochen.

Endlich erreichte sie den hintersten Zipfel des Eismeers und schaute sich um.

„Hat einer von euch Väterchen Walroß gesehen?" fragte sie.
„Blubb, blubb!" machten die Fische, die vorbeischwänzelten.
Einer blieb einen Augenblick stehen und starrte Aquina aus seinen glänzenden Augen an.
„Verdammtes Walroß!" sagte er und warf die Lippen dabei auf. „Kein Fisch ist seines Lebens sicher, seit der Dicke hier oben ist. Und du siehst ihm verdammt ähnlich, wenn du sprichst."
„Wenn ich spreche!" sagte Aquina. „Aber ich spreche nie."
„Hier gestickt, da gestrickt, in der Mitte ganz verrückt!" sagte der Fisch und tippte sich mit den Flossen an die Schläfen und auf die Stirn.
„So warte doch!" rief Aquina ihm nach. Der Fisch hielt nicht an.
„Am Eisberg links!" krächzte es in diesem Augenblick von oben. „Im Wrack!" Eine Möwe war es, die mit dem Wind Wettfliegen übte. „Aber Beeilung, gleich geht er zu Bett."
„Danke! Vielen Dank!" rief Aquina hinauf.
Die Möwe wedelte mit den Flügelspitzen.
„Nichts zu danken!" schrie sie und lachte schrill.

Väterchen Walroß staunte Aquina aus seinen hervorquellenden Augen an.
„Möff, möff!" machte er schließlich und kratzte sich die Schwarte.
„Da wird doch der Fisch in der Pfanne verrückt! Wenn das nicht Wassermanns Aquinchen ist!"
„Ach, Väterchen Walroß!" sagte Aquina und küßte den alten Herrn irgendwo in seinen dicken Schnurrbart. „Du mußt mir helfen!"
„Komm rein, komm rein!" sagte Väterchen Walroß und möffte schon wieder. Er war gerührt. „Immer der Reihe nach!"
Es dauerte nicht lange, so hatte Aquina dem Alten ihr Leid geklagt. Zitternd vor Kälte lag sie in der leidlich gut erhaltenen Koje des unlängst gesunkenen Walfischfängers, den Väterchen Walroß sich zum Quartier gewählt hatte.
„Tja", sagte Väterchen Walroß und runzelte die Stirn, daß seine Speckrollen bis in den Nacken wallten. „Was soll ich da machen? Komm erst mal mit hoch. Die Pinguine sollen dir einen Pelz anpassen. Splitternackt kannst du nicht an Land. Womöglich würden dich die Möwen bei der Sittenpolizei anzeigen. Und wenn dich erst der große Kondor geschnappt hat, ist alles zu spät."

So bekam Aquina einen schwarzweißen Frack. Er war zwar an den Armen etwas knapp, ansonsten aber seidenweich und warm. Sogar die Seehunde klatschten mit ihren Schwanzflossen Beifall, als sich Aquina damit auf den Eisschollen am Ufer niedersetzte.
„Tja", sagte Väterchen Walroß mit nervös zuckendem Schnurrbart. „Mit Zähnen kennt sich die Sippe der Haie am besten aus. Aber ob die uns Auskunft geben?"
„Frag doch den Sägefisch!" sagte Pinguin Black Jack und warf sich in seine blütenweiße Hemdsbrust. „Kann sein, er gibt dir ein paar Zacken ab. Bei schönen Mädchen kann er doch nie widerstehen."
„Quatsch!" schrie Emma, die Möwe und lachte wie vorhin. „Soll sich die Kleine auch noch ein Stück Säge an die Nase kleben? Das wär' die tollste Schönheitsoperation, von der ich je gehört habe!"
„Ich meinte ja nur", maulte Black Jack beleidigt. „Weißt du etwa was Besseres?"
„Och", sagte Emma und pulte sich zwischen den Zehen herum, „das kann schon sein. Was kriege ich denn, wenn?"
Aquina schaute bestürzt.
„Ich hab' nichts", sagte sie unsicher.
„Für nichts gibt's nichts!" lachte Emma

und stürzte wie ein Pfeil ins Wasser. Sie hatte einen Fisch entdeckt.

„Mach dir nichts draus, Aquinchen!" sagte Väterchen Walroß und möffte in seinen Bart. „Emma gibt gerne an, aber ein schlechter Kerl ist sie nicht." Nachdenklich starrte er übers Meer und zuckte mit seiner dicken Schwarte, weil es ihn zu frösteln begann.

Wenig später tauchte Emma wieder auf. Ihre schwarzen Augen blitzten spöttisch, als sie nähertrippelte.

„Ich sehe schon", kicherte sie, „ich muß wohl wieder mal umsonst was tun? Also paßt auf: Zu den Menschen müßt ihr. Kapiert?"

„Zu den Menschen?" riefen Väterchen Walroß und Aquina wie aus einem Munde. „Das ist unmöglich!"

„Unmöglich!" sagte Black Jack und legte seine Rockschöße zurecht.

„Quatsch!" schnarrte Emma, denn das war ihr Lieblingswort. „Sie sind viel dümmer, als ihr denkt. Und ungeschickter sowieso. Aber bei ihnen gibt's Leute, die heißen Zahnarzt oder so. Da gehen sie hin, wenn sie Schmerzen im Mund haben oder wenn sie keine Zähne haben."

„Du meinst, da kriegen sie neue Zähne?" fragte Aquina.

„Wie soll ich denn aber hinkommen?"

„Nichts einfacher als das", sagte Emma und legte ihre Flügelspitzen übereinander. „So hundert Meilen weiter südlich gibt's Menschen. Sie haben spitze weiße Nester aufgestellt. Zelt sagen sie dazu. Nachts schlafen sie darin. Aber am Tag laufen sie draußen herum. Sie fangen Tiere. Dann betrachten sie sie durch eine Kiste, die dauernd surrt und klickt. Es geschieht den Tieren aber nichts dabei, und später dürfen sie wieder fortlaufen."

Emma tippte Aquina mit ihrem spitzen Schnabel an.

„So eine wie dich", sagte sie, „kennen sie garantiert noch nicht. Brauchst also bloß hinzuschwimmen. Alles andere findet sich dann schon."

Aquina schauderte.

„Soll ich, Väterchen Walroß?" fragte sie.

„Nun ja", räusperte sich der Alte. „Was soll ich da sagen?"

„Hast du übrigens schon gehört, daß Nixus Nix von Aquanien einen Schönheitswettbewerb ausgeschrieben hat?" fragte Emma beiläufig und zwickte Black Jack ins Hinterteil. „Er will seinen Thronerben verheiraten. Die schönste Wasserfrau der Welt ist gerade gut genug, soll er gesagt haben."

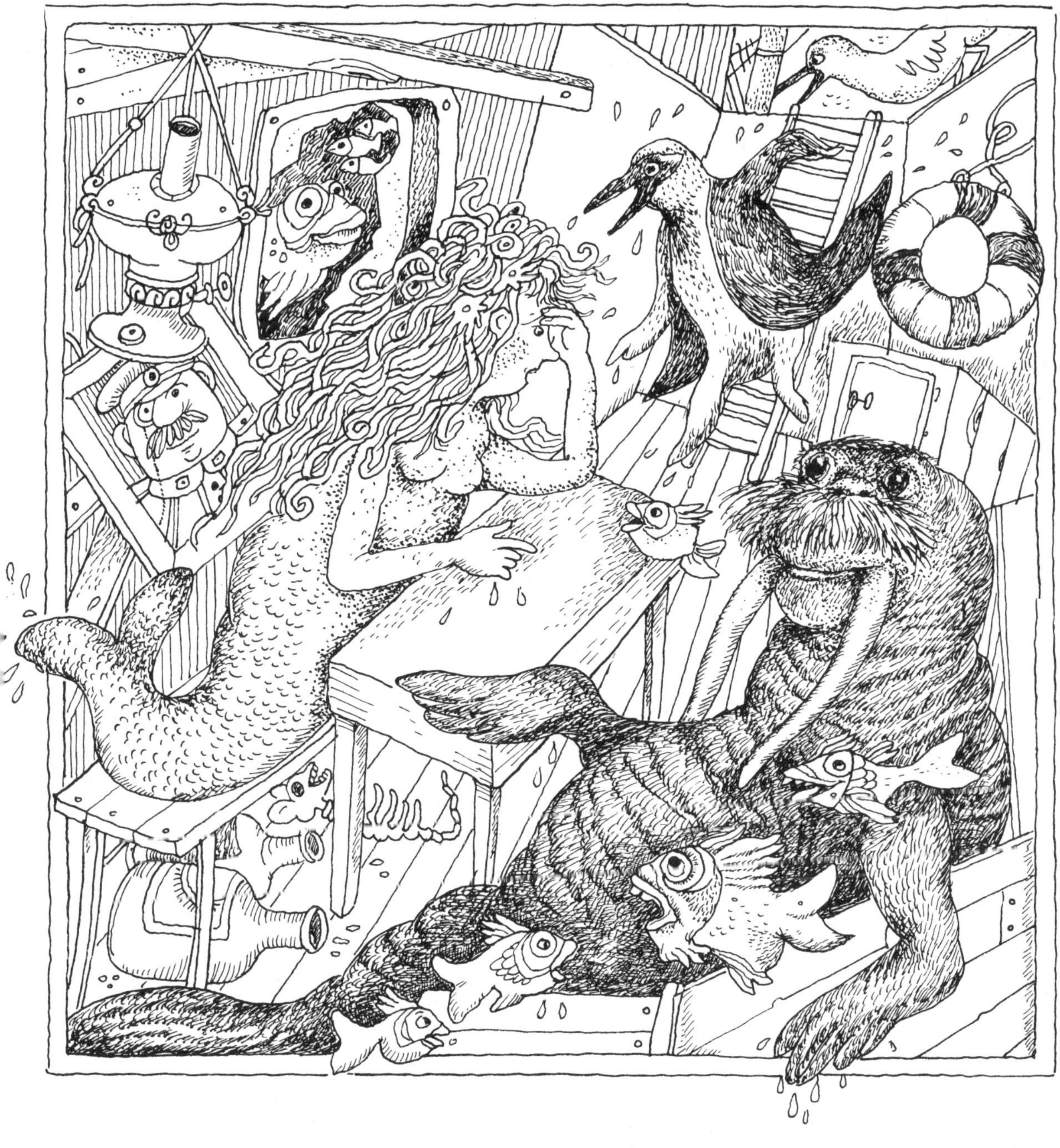

„Also", rief Aquina, „ich mach's!"
„Was machst du?" fragte Emma. Sie schien ganz vergessen zu haben, worüber sie eben noch miteinander gesprochen hatten.
Väterchen Walroß schnaufte wie eine Dampflokomotive vor Bewunderung.
„Ich schwimme zu den Menschen!" sagte Aquina leicht gekränkt. „Gleich! Morgen früh sind sie vielleicht schon nicht mehr da."
„Und ich komme mit!" sagte Väterchen Walroß. „Man kann dich doch nicht allein lassen."
„Das muß ich mir ansehen!" schrie Emma. „Dafür wage ich sogar einen Nachtflug!"
„Ich halte die Stellung", sagte Black Jack.
„Schließlich hat man Familie.

Das Meer brauste und schäumte bei Nacht lauter als bei Tage. Aquina schob sich ein wenig müde auf den dicken Eisschollenrand.
„Da hinten!" sagte Emma so leise wie möglich und ruckte mit Kopf und Schnabel vor.
Aquina starrte die weißen Wände zweier niedriger Spitzzelte an, die sich windgeschützt hinter groben Felsbrocken und aufgekanteten Eisschollen aneinanderduckten.
„Ich möchte sie mir unheimlich gern angucken", raunte Väterchen Walroß.
„Und ich?" flüsterte Aquina. „Wo sie doch alles essen, was wie ein Fisch aussieht. Was meinst du, werden sie mich auch essen wollen?"
„Quatsch!" zischte Emma. „Schleichen wir uns ran!"
Leise robbten Aquina und Väterchen Walroß voran, während Emma wie ein stolzer Reiter auf Väterchens narbigem Rücken Platz nahm.
„Am Eingang ist ein Fensterchen", wisperte sie.
„Zum Rausgucken. Reingucken kann man aber auch."
Sie schielte in das vordere, dann in das hintere Zelt.
„In dem sind sie", sagte sie. „Sie schlafen noch."
„Geräusche machen sie wie Meister Sägefisch bei der Arbeit", stieß Aquina bibbernd hervor.
„Besonders der eine", krakelte Emma, „der nicht mal Zähne im Mund hat."
„Wo?" schrie Aquina.
Sie patschte vor Aufregung und Neugier so heftig mit den Armen gegen die Zeltwand, daß die Stange bedenklich wankte

und schließlich, wie in Zeitlupe, zusammensank.
„Nichts wie weg!" kreischte Emma. Väterchen Walroß zockelte schon eilends davon. Seine Hinterfüße pflügten den Schnee in breiter Spur.
Aquina aber blieb. Angstschlotternd drückte sie sich eng an den Boden, verbarg das Gesicht in den Armen und wartete. Ohne Zähne würde sie nicht weggehen. Nie!
Aus dem Zeltknäuel drangen böse Worte. Es krachte darin und wühlte. Dann stampfte jemand ins Freie.
„Diese Expedition ist der reinste Schwachsinn!" schimpfte eine dunkle Baßstimme.
„Alles geht daneben."
„Tritt bloß nicht auf meine Zähne!" nuschelte eine zweite Stimme aufgeregt.
„Ich kann sie nicht finden. Sie müssen aus dem Glas gefallen sein."
„Schon wieder einer von diesen verdammten Pinguinen!" wetterte die Baßstimme wieder.
Ein Fuß schubste Aquina an, so daß sie hastig ein Stückchen zur Seite glitt. Ihr langer Fischschwanz fächelte verschüchtert.
Eine Hand berührte sie, glitt über ihr neues Pinguingewand und drehte zuletzt ihren Kopf herum. Aquina ließ alles mit sich geschehen.
„He", schrie der Baß plötzlich, während die Hand fester zupackte. „Willie, komm her! Schnell! Hast du so was schon gesehen? Einen Pinguin mit langem Schwanz? Und was für ein Schwanz!"
Aquina blinzelte unter ihren langen Wimpern hervor. Sie sah nicht gut wegen der Schnabelmaske, die sie sich zum Schutz gegen die Kälte über das Gesicht gestülpt hatte. Zwei Gesichter beugten sich über sie. Das eine voller Runzeln, fast wie bei Väterchen Walroß. Das andere glatt und hart, mit glitzernden Augen, wie Steine im Sonnenlicht.
„Bring das Tier ins Zelt, Willie", sagte der Glatte mit der Brummstimme. „Laß es ja nicht entkommen. Ich richte derweilen die Kamera her."
„Zelt ist gut", sagte der mit den Runzeln. „Ich bau's jedenfalls nicht wieder auf."
Der Glatte schaute ihn mit hochgezogenen Brauen an. „Okay", sagte er schließlich, „ausnahmsweise baue ich's noch mal auf. Aber bilde dir nicht ein, das wird ein Dauerzustand."
Willie grinste.
Fluchend und ächzend richtete der Glatte das Leinwandgewimmel wieder auf, spannte die Leinen neu an den

Häringen, stellte die Einrichtung an ihren Platz und hielt endlich auch noch die Zelttür auf.

„Hereinspaziert!" sagte er und rieb sich die Hände.

Willie, der Runzelmann, hatte indessen beide Arme fest um Aquina geschlungen. Das war sehr angenehm, fand sie. Ihre Furcht ließ nach. Und als er sie nun ins Zelt trug, machte sie sich so leicht wie möglich.

Drinnen sah sie sich neugierig um. Sehr anders als daheim bei Wassermanns sah es nicht aus. Nach Tierart beschnupperte sie die schmalen Pritschen, das Bettzeug darauf, das nach Eisbär roch aber nicht lebte. Sie befühlte Willies Schlafsack und die runden Gläser seiner Brille. Dann ließ sie ab von der Pritsche, robbte darunter und lag plötzlich wie tot.

Vor ihr auf dem dünnen Zeltboden stand eine winzige Pfütze. Darin blinkten ein paar durchsichtige Splitter. Mitten in der Pfütze aber klaffte ein Mund voller Zähne, zu dem kein Gesicht gehörte.

Grauen sträubte Aquinas Haare. Trotzdem packte sie das Gebiß und schob es blitzschnell in die Bauchtasche ihres Pinguinfracks.

Schon zerrte Willie sie an der Schwanzflosse wieder in den schmalen Gang zwischen den Pritschen zurück.

„Laß dich doch mal ansehen", lächelte er zahnlos und begann eine gründliche Untersuchung.

Gerade, als er mit den Händen das Gebiß in Aquinas Bauchtasche ertastet hatte, als sein altes Runzelgesicht vor Staunen beinahe zerbrach, schoß Emma, die liebe, gute Emma, todesmutig durch die offene Reißverschlußtür des Zeltes herein.

„Raus!" schrie sie mit schriller Stimme. Willie fuhr entsetzt zurück, den Arm schützend vor seine Augen gepreßt, auf die Emma wie toll loshackte. „Hilfe!" brüllte er. „Hilfe!"

Draußen prustete Väterchen Walroß verbittert sein „Möff, möff!" und warf sich mit voller Wucht gegen die Zeltwand.

Willie schrie und ruderte mit den Armen, dann krachte er gleichzeitig mit dem Zelt zu Boden.

In hohen Bogensprüngen zickzackte Aquina über den Ufersaum. Sie tauchte schon tief ins Meer, als Väterchen Walroß immer noch mit dröhnender Stimme und wütend aufgeblähter Oberlippe den tobenden Glatten angriff.

Das Gebiß drückte herrlich in ihrer Bauchtasche. Sie kicherte, als sie daran dachte, wie Willie dem Glatten nun weismachen würde, daß es Pinguine gebe, die keine Zähne im Maul, sondern in ihrer Bauchtasche hatten.

„Wann, sagst du, ist der Schönheitsdingsbums?" rief sie Emma zu und warf auftauchend einen zappelnden Fisch für sie in die Luft.

„Bleibt gerade noch Zeit genug zum Zähneputzen!" schnaufte Väterchen Walroß vergnügt aus einem Wellental hinter ihnen.

Emma lachte kreischend.

Die Reuse

„Schon wieder Sonnenschein!" bullerte Jan-Hendrik Knurrhahn, der grün-rotfarbene Stachelfisch, an diesem Morgen und stakte auf seinen langen Laufstacheln vor die Haustür. „Nicht genug, daß man seines Lebens wegen der Fischernetze nicht mehr sicher ist, nein, da soll man auch noch lebendig gebraten werden. In seinem eigenen Meer!"
„Was du nur hast!" rief Karline, seine Frau, und bedeckte ihre Augen mit einer Brustflosse. „Sei froh, daß es warm ist. Und überhaupt, komm rein, frühstükken!"
„Darf ich raus?" fragte Klas, ihr Jüngster.
„Ohne Frühstück?" fragte Mutter Karline.
„Meinetwegen!" sagte Vater Jan-Hendrik und naschte hinter Mutters Rücken von der Blasentangmarmelade. Draußen hing der Meereshimmel wie eine gläserne Scheibe im Blau. Die Wellen zogen als kleine flatternde Tücher drüber hin. Und die Sonne bohrte ihre vorwitzigen Strahlenfinger bis in den düsteren Algenwald. Klas beschloß, zuerst einmal in den Lichtbahnen zu tanzen und später Slalom zu üben. In Slalom war nämlich ein Wettbewerb ausgeschrieben. Er hatte das Plakat am Miesmuschelkiosk gesehen. „Gesucht werden die besten Slalomläufer" hieß es da. „Sandbahnrennen der Knurrhahnliga, Donnerstag, 14 Uhr."
Als er noch überlegte, welche der Lichtbahnen die schönste und schrägste sei, sah er Rosi Schwabbel, seine kleine Freundin Feuerqualle, die mit ihrem Röckchen wippte.
„He, Rosi!" rief Klas ihr zu und winkte mit allen Flossen. „Was machst du denn hier? Ich denke, ihr seid in Urlaub."
„Waren wir auch", sagte Rosi.
„Wollen wir Fangen spielen?" fragte Klas.
„Nö, lieber Wettschwimmen", sagte Rosi. „Da hinten das lange Ding auf dem Boden ist das Ziel."
„Okay!" sagte Klas und ging schon mal in Startposition. Rechte Laufstacheln vor, linke Laufstacheln angewinkelt,

Schwanzflossen geradeaus. Rosi kicherte.
„Toll", sagte sie.
„Achtung, fertig, los!" rief Klas.
Es wurde ein heißes Kopf-an-Kopf-Rennen. Klas und Rosi machten Luftblasen wie eine Horde Walfische.
Rosi gewann mit einer knappen Rocksaumbreite Vorsprung.
„Sieger!" schrie sie und fächelte ihre hochroten Wangen.
„Pah, du hast geschummelt!" sagte Klas. „Da kann einer leicht gewinnen, wenn er Frühstart macht."
„Von mir aus!" sagte Rosi gekränkt. „Machen wir eben noch mal."
Seite an Seite drängelten sie sich aus dem langen Ziel-Schlauch hinaus. Das heißt, sie wollten hinaus, aber Klas, der ein bißchen vorauslief, machte plötzlich „Aua!" und rieb sich wie verrückt die linke Vorderflosse an seinen Brustschuppen.
„Das ist ja ein Gitter!" staunte Rosi. „Sind wir denn da nicht eben noch reingeflutscht?"
„Eine Reuse!" sagte Klas und wurde gelb und rot um die Kiemen. „Jetzt haben sie uns."
„Wer?" fragte Rosi.
„Na, wer glaubst du wohl, hat dieses fiese Ding ins Meer gehängt?" fragte Klas. „Der Weihnachtsmann?"
„Menschen?" fragte Rosi.
„Kluges Kind!" sagte Klas. „Damit fangen sie Fische. Und wie du siehst, gehen die ihnen auch ins Netz."
„Wir sind doch aber reingekommen", sagte Rosi.
„Rein kommt man immer", sagte Klas. „Aber nicht wieder raus. Da die Klappe, die geht nur von außen auf. Von innen nicht."
„Was machen wir jetzt?" fragte Rosi und wurde ganz blaß.
„Weiß ich's?" knurrte Klas, so daß er sich fast wie sein Vater anhörte. „Schließlich war das alles deine Idee."
„Wenn wir um Hilfe rufen?" fragte Rosi schüchtern. „Einer muß uns doch hören, irgendwann."
Klas zuckte nur mit den Flossenspitzen. Aber als Rosi um Hilfe zu rufen begann, knurrte er lauthals mit.

Sie waren heiser. Der Wasserhimmel färbte sich bereits dunkler. Keine einzige Flosse zeigte sich.
„Laß uns noch mal rufen", sagte Rosi. „Wenn dann noch keiner kommt..."
„Du zuerst!" sagte Klas.
„Hilfe!" schrie Rosi. „Hilfe!"

„Pst!" sagte Klas. „Hör doch!"
Deutlich war es zu erkennen. Einer kam. Der Sand zischte unter seinem raschen Flossenschlag.
„Ein Butt!" sagte Rosi.
„Onkel Plattmann!" schrie Klas und trommelte mit seinen Laufstacheln gegen das Reusengitter.
„Da leg sich doch einer flach!" nuschelte Onkel Plattmann, der Butt, schiefmäulig. „Wenn das nicht Klas Knurrhahn ist! Dich suchen sie seit Stunden auf der anderen Seite der Sandbank."
„Hast du Papa nicht gesehen?" fragte Klas.
„Nee", sagte Onkel Plattmann. „Jetzt sagt mir doch bloß, wie kommt ihr in die Reuse?"
„Wir haben gespielt", sagte Rosi und fing zu weinen an. „Einfach so. Auf einmal ging die Klappe nicht mehr auf. Und Klas sagt, daß wir jetzt gefressen werden."
„So, so", murmelte Onkel Plattmann. „Auf einmal ging sie nicht mehr auf. Was machen wir denn da, kleines Fräulein?"

„Tja, da kann man nichts machen", sagte er schließlich, nachdem er die Reuse mehrmals umkreist und abgetastet hatte. „Die ist dicht. Keine offene Masche, kein Schlupfloch. Tut mir leid, Kinder."
Rosi weinte wie ein Wasserfall. Klas machte trotzige Augen und nagte an seiner Unterlippe.
„Am besten, ich schwimme zu eurer Wohnung", sagte Onkel Plattmann. „Am Leuchtturm 8, stimmt doch?"
Klas nickte.
Prüfend musterte Onkel Plattmann den steindurchsetzten Sandboden, ehe er sich entschloß, heute seine grünschwarzen Tupfer auf dem Rücken gegen die sandgelben auszutauschen.
„Gut getarnt ist halb entkommen", nuschelte er und blinzelte Klas freundlich aus seinem einen Auge zu. „Bis gleich, dann. Verlaßt euch ganz auf Onkelchen Plattmann. Keine Angst."
Den beiden in der Reuse schien die Zeit auf Schneckenfüßen zu gleiten. Plötzlich aber schob sich ein blaßblauer Keil in ihr Blickfeld, der im Takt zweier ein- und austauchender Hölzer langsam näherrückte.
„Ein Ruderboot", sagte Klas beklommen. „Das ist bestimmt der Fischer. Der, der meinen Bruder Ake geangelt hat. Der holt seine Reuse."
„Wie will er sie denn finden?" fragte

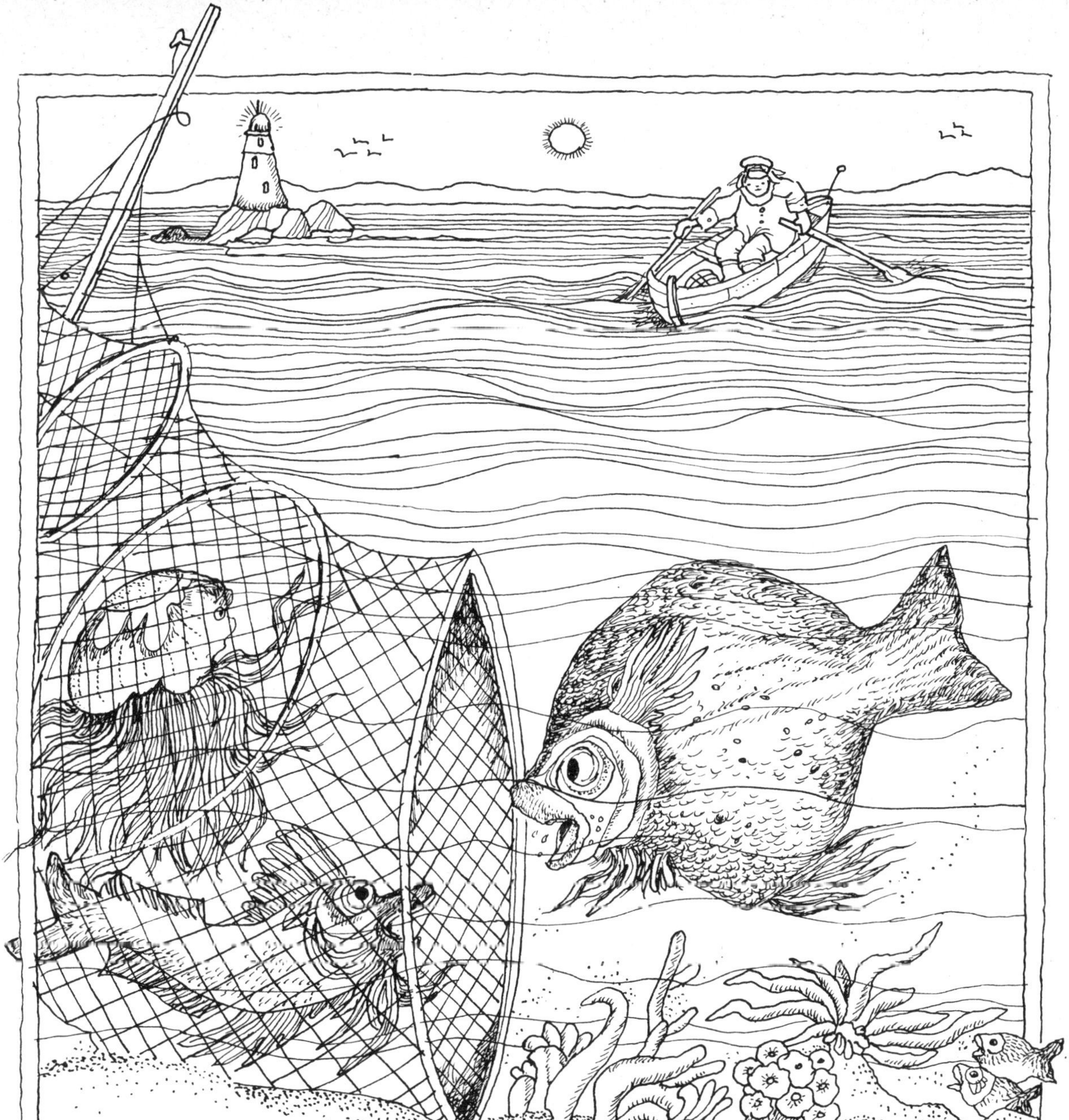

Rosi. „Er kann sie doch nicht sehen von oben?"

„Quatsch!" sagte Klas. „Da, guck, die Stange, die aus dem Wasser ragt. An ihr sieht er, wo er seine Reuse abgelegt hat. Der findet uns. Verlaß dich drauf."

„Ich will aber nicht!" sagte Rosi und spreizte alle ihre Nesselbläschen. „Wehe, der faßt mich an! Der kann was erleben!"

„Die Gräten könnten einem rot werden vor Scham!" prustete Papa Knurrhahn in diesem Moment und bog mit Onkel Plattmann um die Kurve. „Geht der Bengel glatt in eine Reuse. Habe ich dir nicht tausendmal, ach hunderttausendmal verboten, hier zu spielen?"

Ohne eine Antwort abzuwarten, küßte er Klas zärtlich durch die Maschen des Reusengitters und lächelte Rosi Feuerqualle freundlich zu. „Zuerst muß mal der Stock weg!" sagte er dann. „Plattmann, wühl doch mal!"

Das mußte er dem Butt nicht zweimal sagen. Wühlen war sein Lieblingssport. Darin hatte er schon zwei Goldmedaillen und sieben Silberpokale gewonnen. So fest er konnte, wühlte und wedelte er den Sand um den Stock beiseite. Endlich, das Boot war schon bedenklich nahe, neigte sich das Holz, fiel und trieb nach oben.

„Jetzt soll er suchen!" rief Onkel Plattmann und spuckte fröhlich ein Maulvoll Sand über sich.

„Denk lieber nach, was wir weiter tun können!" sagte Jan-Hendrik Knurrhahn. „Die Stange, das bedeutet nur Aufschub, sonst nichts."

„Tja, ehem", machte der Butt. Mehr fiel ihm leider nicht ein.

„Es müßte einer helfen", sagte Jan-Hendrik Knurrhahn nachdenklich, „der lang genug ist, die Klappe von außen aufzudrücken und trotzdem nicht hinein zu müssen. Einer, der außerdem dünn genug ist, daß die Kinder sich an ihm vorbei nach draußen quetschen können."

„Das schafft höchstens Arne Aal", sagte Onkel Plattmann. „Willst du den etwa fragen? Da mache ich mich aber erst aus dem Staub."

„Ungern", sagte Jan-Hendrik Knurrhahn. „Der kriegt es fertig und frißt uns mit Haut und Schuppen, ehe er richtig anfängt. Aber Irmchen Aalquappe. Die wäre was, oder?"

„Die Quasselstrippe?" fragte Onkel Plattmann.

„Genau die", sagte Jan-Hendrik Knurr-

hahn. „Quasseln tut sie. Aber ihren Grips hat sie beisammen. Was ist, holst du sie, oder muß ich selber hin?"
„Laß mal", sagte Onkel Plattmann. „Ich zwitscher' schon los. Halt du hier die Stellung!"
Lange, ehe sie Irmchen Aalquappe sahen, hörten sie sie schon. Klas stupste seine Freundin Rosi verstohlen mit der Nase an und zwinkerte ihr bedeutsam zu. Aber Rosi hatte keine Lust, Witze zu machen.
„Ei, die lieben armen Kinderchen!" jammerte – Zickzack und Kribbelkrabbel – Irmchen Aalquappe. Wie der Blitz sauste sie um die Reuse herum und hielt auch nicht eine Sekunde die Schnauze still. „Ich soll also da rein, bis die Kleinen draußen sind und dann wieder raus", sagte sie und schwamm ein paar nervöse Krackelkreise.
„Richtig", sagte Jan-Hendrik Knurrhahn. „Schaffst du's?"
„Ihr müßtet mich allerdings einweisen", sagte Irmchen Aalquappe. „Zu weit möchte ich nicht ins Netz. Die Maschen sind zu eng für mich. Einfach hindurchschlüpfen kann ich nicht."
„Wird gemacht", sagte Jan-Hendrik Knurrhahn und bezog links der Reuse Posten.

„Du stellst dich rechts auf!" sagte er zu Onkel Plattmann. „Und daß du mir ja gut aufpaßt. Denk an den Knick in deiner Optik!"
„Schon gut, schon gut!" sagte Onkel Plattmann und bekam vor Aufregung bald rote, bald gelbe Tupfen.
Irmchen Aalquappe nahm Anlauf und schwamm mit Volldampf auf die Reuse zu.
Sofort hob sich das zarte, aber feste Gitternetztor vor dem Eingang. „Halt, halt!" schrie Onkel Plattmann mit seinem Schluckauf.
„Weiter, weiter!" schrie Jan-Hendrik Knurrhahn dagegen an.
Endlich, nur mehr das halbe Irmchen schwänzelte vor dem Reusentor herum, klaffte das Gitternetz weit genug auf, daß Klas und Rosi in Gedankenschnelle an ihrem eingezogenen Bauch vorbeiflitzen konnten. Irmchen selbst robbte im Rückwärtsgang hinterher.
„Das war knapp!" sagte Jan-Hendrik Knurrhahn und hätte Irmchen Aalquappe fast an seine Schuppenbrust gedrückt.
Onkel Plattmann aber wühlte Kopf und Flossen aus dem Sand und fing vor Begeisterung seinen Superblubbersong an. Fast hätte er dabei die Reuse überse-

hen, die eben an einem krummen Bootshaken nach oben schwankte.
„Der Kerl in seinem Boot stochert schon die ganze Zeit hinter mir rum", knurrte Jan-Hendrik Knurrhahn und verabreichte seinem Klas einen Klaps aufs Hinterteil, der eher nach Streicheln aussah als nach Strafen.
Irmchen verfärbte sich nachträglich grün vor Schreck. „Hättest du nicht noch mehr Gräten als Köpfchen, Jan-Hendrik Knurrhahn", rief sie und klatschte mit ihrem Schwanzende gegen seinen Bauch, „ich würde dich glatt fressen, du Schlitzohr!"
Hätte der Fischer in seinem Boot nicht so wütend seine leere Reuse angestarrt, vielleicht hätte er ihr fröhliches Blubbern und Lachen gehört.

Silver

Leise rollt das Meer. Wie Eierschaum wallt es über den hellen Grund einer Eisbank, krabbelt hurtig mit tausend Fingern über den glitzernden Saum einer Eisschollenkette, zischt und zischt, wallt wieder auf. Ohne Anfang, ohne Ende.
Silver, die Möwe, träumt vor sich hin. Wie sanft der Wellenschlag dümpelt! Man spürt schon, daß es Frühling wird. Als der erste langgezogene Klageton ihre Ohren erreicht, blinzelt sie nur und schüttelt ihre Flügel.
„Immer dieser verflixte Heuler!" denkt sie und knackt mißmutig mit den Schnabelhälften. „Am besten, man hört nicht hin."
Das Jammern schwillt an. Es schluchzt und bellt und jault und heult. Ein Stein müßte man sein, wenn man es ertragen könnte.
„Himmelmeerundmöwenpick!" kreischt Silver auf.
„Na, warte, Bürschchen, diesmal gibt's Stunk!"
Ihre Augen blitzen kalt, als sie sich mit zwei, drei Schwingenschlägen aus dem Wasser hebt.
Sie muß nicht lange suchen. Es gibt nur einen Heuler weit und breit mit einer solchen Stimme.
„Plärrst du schon wieder?" kiekst sie zornig und setzt hart neben dem jungen Seehund auf, der immer noch verzweifelt in alle Himmelsrichtungen weint und klagt. Seine dunklen Augen starren angstvoll in Silvers Gesicht. „Mama ist weg!" sagt er.
Seine kurzen Hinterbeine ringen sich ineinander. Wie eine Wippe krümmt sein Leib sich auf.
„Na und?" fragt Silver. „Mußt du deshalb so brüllen und alle Welt verrückt machen? Hat sie dir nicht verboten, so herumzukrakelen? Sitzt du auf den Ohren, wenn sie mit dir spricht?"
„Aber sie hat", sagt der Kleine und verzieht schon wieder weinerlich das Gesicht, „sie hat gesagt, sie kommt gleich wieder. Bitte, wie lange dauert es bis gleich? Sie soll kommen, jetzt! Ich hab' Hunger."

„Ach du grüner Hering!" krächzt Silver und mustert den kleinen Seehund mit schief gehaltenem Kopf von allen Seiten. „Hunger, sagst du? Und kannst dir nichts fangen?"
Sie läuft ein paar trippelnde Schritte auf und ab. Unschlüssig ordnet sie ihre Flügelspitzen auf dem Rücken. Einmal bleibt sie stehen und schaut den kleinen Seehund an.
„Wie du nur wieder guckst!" sagt sie.
Der kleine Seehund blinzelt. Der scharfe Wind vom Meer treibt ihm die Tränen in die Augen. Er sieht immer aus, als weinte er. Nicht nur, wenn er es wirklich tut.
„Also gut", sagt Silver endlich und ruckt mit den Schwanzfedern. „Ich besorge dir jetzt ein paar Happen. Aber wenn du wieder losheulst, Freundchen, ich sag' dir . . ."
Wie um zu prüfen, ob er wirklich still bleibt, dreht sie zwei Abschiedsrunden über dem kleinen Seehund. Dann schießt sie pfeilschnell davon.
Der kleine Seehund duckt sich. Wenn er hungrig ist, ist er nie besonders mutig. Er schließt die Augen. Mit geschlossenen Augen wird die Welt ganz klein. Niemand hat Platz darin, nur er selbst. Das ist gut.

„Schläfst du?" fragt Silver.
Der kleine Seehund hat sie nicht kommen gehört.
„N – nein", sagt er und richtet sich höher auf, um zu zeigen, wie wach er ist.
„Hast du Mama gesehen?"
„Hör zu", sagt Silver und kratzt sich mit ihrem rechten Fuß im Bauchgefieder. „Du mußt dich dran gewöhnen, daß deine Mutter weg ist. Es ist ganz normal, daß sie gegangen ist. Du siehst aus, als wärest du alt genug, dir selbst Fische zu fangen und auch selbst im Meer zu schwimmen."
„Ich sehe so aus?" fragt der kleine Seehund.
Silver seufzt vernehmlich.
„Ich hab' dir was mitgebracht", fährt sie hastig fort und deutet mit dem Schnabel auf zwei lange Fische im Schnee. „Ich denke, du warst eben noch am Verhungern?"
Vor Appetit knurrend, beschnuppert der kleine Seehund erst den einen Fisch, dann den anderen.
„Denkst du, die machen satt?" fragt er.
„Vielfraß!" schilt Silver und hackt zum Spaß mit ihrem Schnabel nach seinem speckigen Nacken. „Da weiß ich noch nicht mal, wie du heißt, und schon soll ich dich füttern, als wäre ich dafür

zuständig. Wie denkst du dir das eigentlich, du Heulboje?"
„Wieso weißt du nicht, wie ich heiße?" fragt der kleine Seehund undeutlich, mit viel Fisch im Maul. „Wo ich doch auch weiß, wer *du* bist."
„So?" fragt Silver überrascht.
„Du bist Silver", sagt der kleine Seehund. „Von den Sturmmöwen. Meine Mama sagt, keine fliegt höher und schneller und kunstvoller als du."
„Sagt sie das?" brummt Silver.
„Und wir", sagt der kleine Seehund, „gehören zu den Seelöwen. Du weißt schon, zu den allerschönsten, allerklügsten . . ."
„. . . und allergefräßigsten Seehunden der Welt", ergänzt Silver und kiekst vor unterdrücktem Lachen. „Deswegen weiß ich aber immer noch nicht deinen Namen."
„Robert", sagt der kleine Seehund. „Aber Mama ruft mich nie so. Oder höchstens, wenn sie stinksauer auf mich ist. Sonst ruft sie Robbie. Ich weiß dann schon, wen sie meint."
„Ich glaube, du bist ein netter Junge", sagt Silver. „Wenn du nicht gerade heulst."
„Du bist auch nett", sagt Robbie. „Meistens."

„Allein fängst du wohl noch keine Fische?" fragt Silver, nachdem Robbie seine Mahlzeit beendet hat.
„Doch!" sagt Robbie sofort. „Einmal, da hab' ich fast einen erwischt. Ich war von meiner Eisscholle gerollt, und da, gerade als ich ins Wasser fiel, da war so ein Fisch. Fast, wirklich, ganz beinahe hätte ich ihn erwischt."
„Fast und ganz beinahe", sagt Silver.
„Mama sagt, ich hab' Talent", erklärt Robbie und gähnt mit weit aufgesperrtem Rachen. „Sie sagt, ich lerne es schon noch. Ich muß nur erst aufhören, Angst vor dem Wasser zu haben."
„Am besten fängst du gleich an, damit aufzuhören", sagt Silver.
Sie kauert sich dicht an Robbies Seite nieder.
„Jedenfalls mußt du schnell fischen lernen", sagt sie. „Ich kann dir nicht genug Futter herbeischaffen, verstehst du?"
„Nicht?" fragt Robbie verwundert.
„Nicht mal, bis Mama wiederkommt?"
„Deine Mama kommt nicht wieder", sagt Silver. „Nie mehr. Versuch es zu begreifen. Sie ist mit einem neuen Robbenmann aufs offene Meer hinausgeschwommen. Keine Robbenmutter bleibt länger als einige Wochen bei ihrem Kind. Hörst du, keine."

Robbie liegt still. Lange Schauer zucken über seinen Pelz mit den handtellergroßen Flecken glatter Haut dazwischen.
„Und du?" fragte er endlich.
„Ich bleibe", sagt Silver. „Erst mal."
Robbie schiebt sich nahe an sie heran. Silver zögert, dann lehnt sie ihren Kopf an seine Schulter und schließt die Augen.
„Willst du denn nie schwimmen und tauchen und fischen lernen, wie es sich für eine richtige Robbe gehört?" fragt Silver in den nächsten Tagen immer wieder.
„Robbie Robbe, aus dem Geschlecht der Superspitzenseelöwen, hast du denn überhaupt kein Gespür für so was?"
„Wie soll ich es denn lernen?" fragt Robbie und schnieft ein bißchen. „Du kannst den ganzen Quatsch doch auch nicht!"
„Aber ich kann fliegen", sagt Silver. „Ich, verstehst du, ich kann, was ich können muß, und das reicht. Aber du?" Nervös stelzt sie im Schnee herum.
„Deine Sippschaft muß her", sagt sie endlich und bleibt dicht vor Robbies Nase stehen, damit sie ihm von ganz nahe in die Augen blicken kann.
„Jemand muß dir zeigen, wie du all das anfangen sollst, was du zum Überleben brauchst. Ich muß deine Familie holen."

„Und was ist, wenn ich Hunger kriege?" fragt Robbie.
„Fängt das schon wieder an?" fragt Silver zurück.
„Weißt du was?" fragt Robbie, bringt sich aber vorsichtshalber einige Meter weiter in Sicherheit. „Du bist gar keine Möwe. Du bist eine Ziege, eine Meckerziege."
„Und du?" fragt Silver. „Was bist du?"
„Ja, ja, ja, ja", sagt Robbie.
„Also, von vorn", sagt Silver. „Ich fliege los, und du rührst dich nicht vom Fleck, bis ich wieder da bin. Abgemacht?"
„Abgemacht", sagt Robbie. „Und bleib nicht so lange."
Silver steigt schon in den Himmel auf. Sie grüßt mit wippenden Schwingen. Im Wolkenblau des Tages ist sie kaum zu erkennen. Der Abschiedsschmerz vergeht.
Das Meer schnalzt zärtlich um die Eisschollen, die, wie Wände übereinandergetürmt, Robbies Kinderstube umschließen. Zum offenen Meer hin hat das Wasser ein Loch hineingebohrt. Schräg und rund ist es, die schönste Robbenrutschbahn.
Nur durch Zufall hatte Robbies Mutter das sichere Plätzchen dahinter entdeckt. Von der Meerseite ist es nicht zu erken-

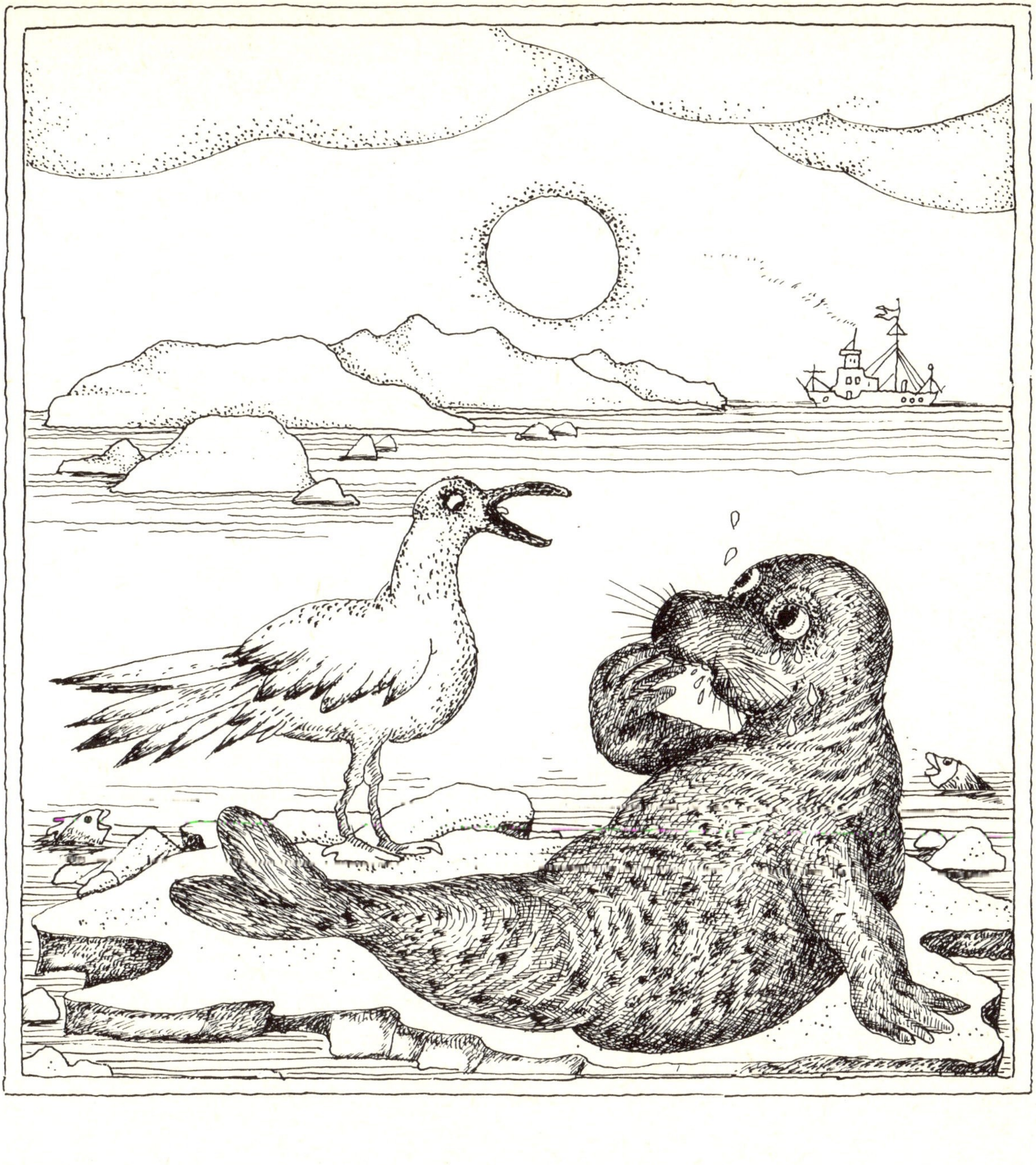

nen, wenn man nicht gerade eine Robbe ist, die jede Eisscholle absucht, ob sie sich für eine Familieninsel eignen könnte.
Jetzt schaut Robbie durch sein Schlupfloch ins tiefgrüne Wasser hinaus.
Die Wartezeit wird ihm lang. Wenn er doch nur ein wenig weiter aufs Meer hinausschauen könnte! Wenn er doch nur ein Zipfelchen mehr blauen Himmel absuchen könnte!
Er spannt alle Bauchmuskeln gleichzeitig an, als er sich so weit wie nie zuvor aus seinem Schlupfloch hinausbeugt, um ins Freie spähen zu können. Ein winziges Stückchen noch, nur eine Flossensaumbreite weiter und . . .
Da liegt er im Wasser.
Es spritzt, als er eintaucht. Es spritzt, als er auftaucht. Sein Kopf tanzt wie eine schwarze Boje zwischen den Wellentälern. Und dann spritzt es nur noch, weil Robbie es so haben will, weil er mit allen Flossen gleichzeitig Schaum und Springbrunnen aus dem Wasser klatscht und dabei schreit, als hätte er seit einer Woche keinen Fisch zu fressen gehabt.
Wasser ist herrlich, und Schwimmen ist herrlich. Und herrlich ist noch lange nicht herrlich genug.
Irgendwann erkennt Robbie, daß das große schwarze Ding, das er weit hinten am Horizont entdeckt hat, auf ihn zukommt. Es dröhnt und pocht. Das Meer erzittert davon und auch der Wind.
Robbie zieht scharf die Luft durch seine geschlitzten Nasenlöcher. Einen Geruch trägt das riesengroße schwarze Ding mit sich, daß ihm übel und schwindlig wird. Er duckt sich tiefer in die Wellentäler. Was mag das sein, das Ding?
Plötzlich klatscht ein kleines *weißes* Ding aus dem großen schwarzen Knatterkasten ins Meer herunter. Etwas sitzt darin, patscht mit Riesenflossen durch die Wellen. Es ruckt näher, immer näher, geradewegs auf Robbie zu.
Gefahr! blitzt es durch seine Gedanken. Irgend etwas sagt ihm, daß es so ist. Nur an Flucht kann er denken. Angstvoll jagt er seinem Durchschlupf zu. So stark er kann, schwingt er sich in die Schräge des Röhrenganges, klammert und stößt sich mit allen vier Flossen ins Eis. Da pfeift es an seinem Ohr. Irgend etwas zischt ins Eis, daß Körnchen aufspritzen und in Robbies Gesicht prasseln. Scharf folgt ein Knall.
Der Schreck und der Schmerz in seinem Gesicht lassen Robbie zusammenzukken. Seine Brustflossen gleiten aus. Er

rutscht, stürzt, kippt hinterrücks ins Meer.
Die Angst verleiht ihm Riesenkräfte. Schon taucht er auf, mit neuem Schwung, hoch, als wollte er fliegen. Da schrillt es jäh von irgendwo hoch oben: „Zurück! Robbie, zurück! Er schießt!"
Die Flügel angezogen, rast sie im Sturzflug heran: Silver.
Der Mensch in seinem weißen Ruderboot springt auf. Er duckt sich weg unter der eigenen Hand. Er schreit. Wie Flügel wirbeln seine Arme. Und immer wieder braust Silver um sein Gesicht, den Schnabel wie Speerspitzen im Ziel seiner Augen.
Schon blutet er an der Wange. Schon färbt sich sein Handschuh rot. Silver schreit im Triumph.
Den anderen Mann mit seinem Feuerstock im großen schwarzen Schiff bemerkt sie fast zu spät.
Den roten Blitz des Mündungsfeuers sehen und sich fallenlassen ist eins. Ein einziger Federwirbel, so stößt sie aufs Meer herunter und taucht ein.
Wütend bäumt sich das Meer unter dem Bug des näherrauschenden schwarzen Schiffs auf.
Robbie sieht noch, wie das kleine weiße gefährliche Ding im Bauch des großen schwarzen Kastens verschwindet. Dann rollt die hochgehende See über seinen Kopf hinweg. Sie zwängt ihn wirbelnd unter, reißt ihn im Takt der Schiffsmotoren um und um. Er weiß nicht, wo oben, wo unten ist. Vor Atemnot peitscht er mit allen Flossen um sich. Da endlich kommt er frei.
Raketengleich schnellt er ins Licht.
„Mußt du eigentlich immer so übertreiben?" fragt es krächzend ziemlich nahe bei ihm, als er aus dem Wasser rauscht. Zerzaust ist sie, naß und zerschlagen. Aber sie ist es: Silver ist da! Irgendwo tief drinnen beginnt es, in Robbie zu weinen. Er schnieft und blinzelt und ist froh, daß ihm das Wasser sowieso übers Gesicht tropft.
„Ich dachte", sagt er und braucht mehrere Ansätze, ehe er die Worte überhaupt herausbringen kann: „Ich dachte, du bist – es hat dich erwischt."
„Mich?" Silver lacht ein wenig.
Sie schaut Robbie an, daß er ihren Blick wie eine Berührung spürt. „Heulst du?" fragt sie.
„Ich doch nicht", sagt er.
„Nicht bloß Heuler, auch noch Lügner", sagt Silver und ruckt mit ihrem Schwanzfächer.

„Komm", sagt sie. „Ich hab' deine Familie gefunden. Sie wird staunen, daß du schwimmen kannst."
„Meine Familie", sagt Robbie und taucht unter Silver hindurch, so daß er sie auf seinem Nacken reiten lassen kann.
„Meine Familie bist du."

Wie die Schnecken
ihr Haus verloren

Durch die Wiese eilte irgendwann plaudernd und glucksend ein Bach. An seinen Ufern blühten duftende gelbe und blaue Wasserlilien. Kleine Vergißmeinnicht wetteiferten im Schatten dicker Weidensträucher mit den Gänseblümchen um das strahlendste Gesicht. Unter ihren Blättern aber saßen allerlei Tiere und lauschten dem fröhlichen Wasserlauf. Eines Tages hatte sich eine Schnecke unter der Last ihres Hauses bis dicht an den Uferrand geschleppt. Nun ruhte sie sich schnaufend hinter einem Steinbrocken aus, trank ab und zu ein Schlückchen Wasser und dachte bei sich: Wenn ich mich doch auch so schnell und leicht bewegen könnte wie das Wasser! Es hat keine Beine, ganz wie ich. Und trotzdem läuft es plitscher-platscher über Stock und Stein, ohne auch nur einmal auszuruhen. Wenn es aber ein Haus auf dem Rücken hätte wie ich ...
Da störte plötzlich ein heftiges Schluchzen ihre Gedanken.

„Nanu?" sagte die Schnecke verwundert, fuhr ihre Hörnchen aus und schaute um sich. „Nanu, wer weint denn da?"
„Ich bin es, liebe Schnecke!" antwortete es aus dem Wasser. „Ich, die Muschelprinzessin."
„Warum weinst du denn?" fragte die Schnecke mitleidig und betrachtete die milchweiß aus dem Bachlauf heraufschimmernde Muschelprinzessin voller Neugier.
„Wie soll ich nicht weinen", sagte die Prinzessin, „wenn die Forellen meine braven Untertanen verfolgen und verschlingen, daß wir bald ausgestorben sind? Heute hat eine meinen jüngsten Bruder verspeist. Morgen kann ich an der Reihe sein."
„Warum versteckst du dich nicht?" fragte die Schnecke.
„Verstecken wir uns, verhungern wir", sagte die Prinzessin und schluchzte zum Gotterbarmen. „Das ist es ja. Wir finden unsere Nahrung im Sand, auf Steinen und an den Uferwänden. Da sieht uns

jeder gleich. Ja, wenn wir ein Haus hätten wie du …"

„Wenn es möglich wäre, würde ich dir meines mit Freuden schenken", sagte die Schnecke seufzend. „Es ist mir längst lästig, weil es mich drückt und meinen Gang so langsam macht, daß ich deswegen zum Gespött aller Tiere geworden bin."

„Würdest du wirklich dein Haus hergeben?" fragte die Muschelprinzessin und hörte sofort auf zu weinen. „Dein wunderbares Haus?"

„Sofort!" nickte die Schnecke. „Und nicht nur ich, sondern viele von uns. Aber wie sollten wir es jemals loswerden? Und außerdem, müßten wir uns nicht schämen, so weiß und nackt, wenn alle andern die herrlichsten Pelze tragen oder doch wenigstens einen von diesen hautengen Farbanzügen?"

„Wenn es nur das ist", lächelte die Muschelprinzessin, „so will ich euch schon zu helfen wissen. Ich brauche nur unsere Freunde, die Flußkrebse zu rufen. Die würden eure Häuser schon abheben. Und Farbanzüge könnte euch mein Onkel, der Tintenfisch, malen. Sag mir, daß du es ernst meinst, und ich werde sie rufen lassen."

Die Schnecke überlegte nicht lange.

„Das ist ein Wort!" rief sie und setzte sogleich mißtrauisch blinzelnd hinzu: „Aber nicht, daß dich der Handel später reut! Ich will keine Vorwürfe hören, verstehst du!"

„Bestimmt nicht!" sagte die Muschelprinzessin. „Ich gebe dir mein allerhöchstes Prinzessinnenwort, daß wir uns in unsere Häuser zurückziehen werden. Höchstens unser Fuß soll herausschauen, damit wir uns festhalten und ein wenig bewegen können. Aber nie mehr wollen wir unsere volle Gestalt zeigen."

„Gut!" sagte die Schnecke. „Behaupte später aber nicht, ich hätte dich nicht gewarnt! Und jetzt will ich meine Verwandten einladen und ihnen von diesem herrlichen Tauschhandel erzählen. Bis später also."

Gesagt, getan.

Aufmerksam hörten die Schnecken zu, als ihre Gastgeberin zu sprechen begann. Die meisten waren gleich närrisch vor Begeisterung. Nur einige wenige schüttelten bedächtig ihre Hörnchen und meinten: „Wir wollen lieber unser Haus behalten. Es ist lästig und schwer, das ist wahr. Aber es schützt uns vor Feinden und im Sommer vor der Sonne. Wo sollten wir schlafen ohne

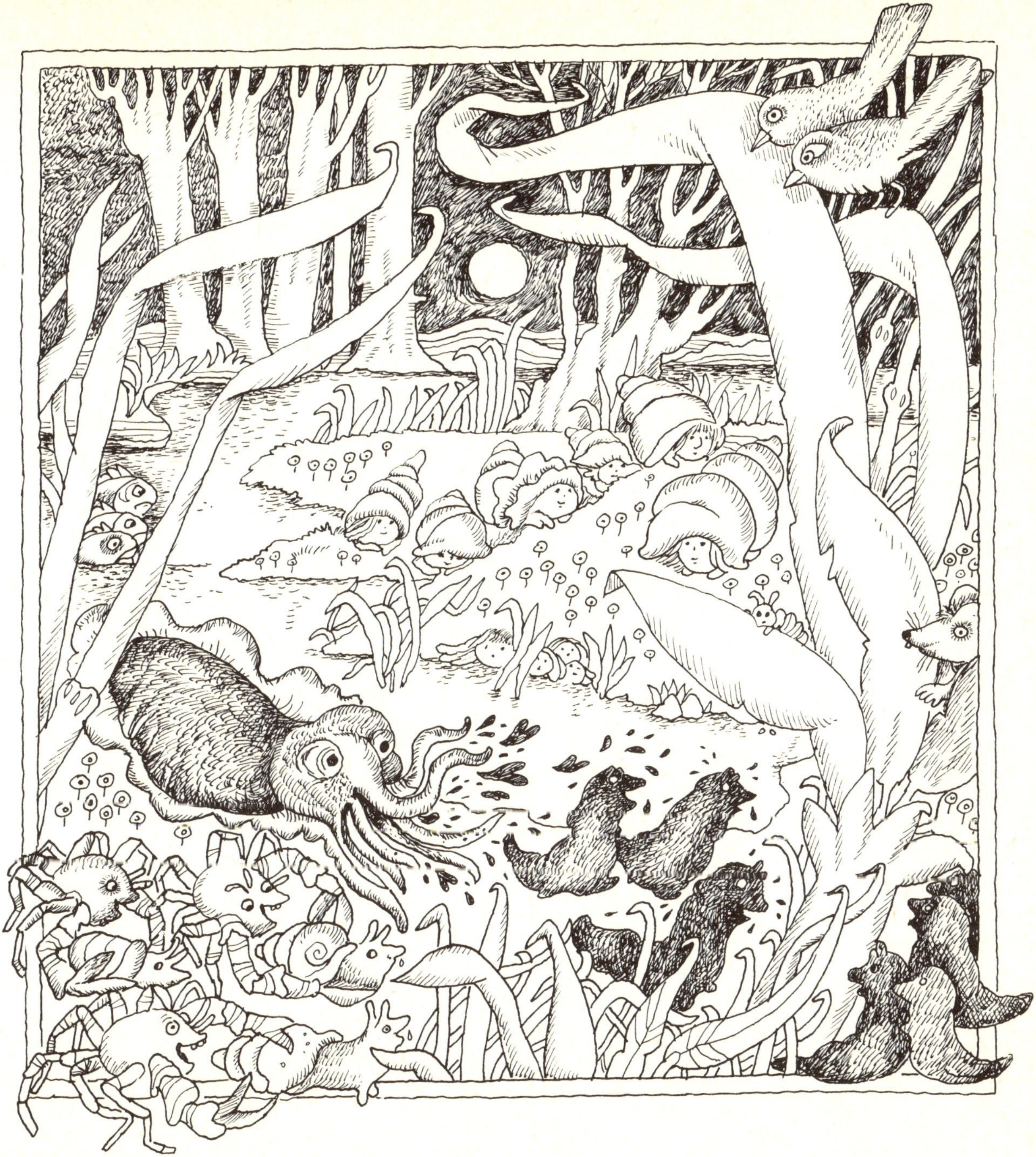

Haus? Und wie sollten wir uns verbergen, wenn Gefahr droht? Nein, nein, wir wollen alles so lassen, wie es ist."
Die andern lachten spöttisch und riefen: „Lirilari, dummes Zeug! Andere Tiere leben auch ohne Haus und zwar besser und unbeschwerter als unsereiner. Wir wollen nichts mehr hören von euren Großvaterideen!"
Sie mochten Widerworte geben soviel sie wollten, die Zweifler waren nicht zu überzeugen. Still glitten sie auf ihren silberglänzenden Schneckenpfaden wieder fort.
Die Muschelprinzessin hielt Wort. Ihre Krebsfreunde hatten im Nu die buntgeränderten, die einfarbigen, die großen und kleinen, die Hörnchen und Schalen, all die Schneckenhäuser vom Rücken der Schnecken abgezwickt und beiseite gelegt. Onkel Tintenfisch sprühte seine schönste und haltbarste Tinte über die nackten Leiber, so daß es aussah, als wären sie geradewegs vom teuersten Modeschneider der Welt gekommen.
Und während die Schnecken sich gegenseitig bestaunten, schlüpften die Muscheln so schnell in ihre neuen Häuser, als wären sie es nie anders gewohnt gewesen. Nur die Kribbellinie ihres Füßchens streckten sie zierlich hervor.

„Danke, liebe Freunde!" rief die Muschelprinzessin, die als letzte ihr Häuschen aufgeschnallt hatte, und ließ sich zu den anderen in den Bach gleiten.
Die Schnecken hörten kaum hin. Als sie sich endlich lange genug bewundert hatten und umsahen, waren die Muscheln und mit ihnen die alten Häuser lange versunken. Das Wasser plätscherte und schwätzte wie jeden Tag. Und am Himmel ging die Sonne unter, als wäre nichts geschehen. Da krochen auch die Schnecken ihres Weges.
Schon wenige Tage später reute viele das Geschäft. Sie froren unter den Blättern auf der nackten Erde und mußten jetzt in verlassenen Mauselöchern Unterschlupf suchen, weil alle möglichen Feinde ihnen nachstellten, sobald sie sich blicken ließen.
„Wir wollen unsere Häuser wieder haben!" schalten sie. „Die Muscheln müssen sie uns wiedergeben! Wir sind betrogen worden!"
In Scharen zogen sie zum Wasser und riefen im Chor nach den Muscheln. Die aber hatten auf Befehl der Muschelprinzessin ihre Haustüren fest verschlossen. So hörten sie die Schreie und Klagen der Schnecken nie.
Und das blieb so bis zum heutigen Tag.

Krieg um den Ententeich

Martha, die Stockente, ruderte so hastig über den kleinen Teich im Park, daß das Wasser in einer breiten Bugwelle vor ihrer Brust rollte. Ihre schwarzen Augen funkelten vor Gier und Zorn ein paar bunten Zierenten entgegen, die unter dem runden Schattenbogen einer japanischen Brücke schwammen.
„Daß ihr mir ja etwas übrig laßt!" schnatterte sie schon von weitem. Die anderen schluckten schneller.
Als Martha endlich zu ihnen stieß und nimmersatt nach jedem Leckerbissen schnappte, der von der Brücke ins Wasser geworfen wurde, wichen die Zierenten beiseite.
„Sie ist eine ganz einfache Wildente! Warum führt sie sich so auf?" zischte eine schmucke Formosaente. „Eine Schande ist sie für den ganzen Park! Seht nur, wie sie frißt! Richtig ordinär! Pfui, Teufel!"
„Na, na", sagte begütigend ihre Freundin Lieschen Pfeifente. „Was wissen wir schon von ihr? Sie selbst verrät nichts, und von uns kennt sie keiner näher."
„Genug wissen wir, meine Liebe", schnatterte die Formosaente. „Sogar übergenug. Sie ist zänkisch und gefräßig."
„Schon", sagte Lieschen Pfeifente. „Aber sie ist auch stark und klug. Erinnere dich nur, wie sie den bösen Jungen verjagt hat, der uns immer mit Steinen bewarf. Seither ist er nicht mehr gekommen."
Plötzlich tauchte dicht neben ihr ein weißer kreisrunder Mund aus dem braungelben Wasser und schnappte nach einem Stückchen Kuchen.
„Meine Güte!" schrie die Formosaente und flatterte erschrocken im Wasser auf. „Nicht genug, daß diese Martha unmöglich ist, da müssen auch die Karpfen noch unverschämt werden. Als ob nicht unter Wasser reichlich Platz für sie wäre!"
„Sehr richtig!" sagte Lieschen Pfeifente, die ein Schleckermaul war. „Diese Fische sind nun wirklich unerträglich. Die köstlichsten Bissen stehlen sie einem vor dem Schnabel weg, und neu-

lich klatschte mir einer noch obendrein seinen Schwanz gegen den Bauch, daß mir ganz übel wurde."

„Man müßte die Fische mal ordentlich zurechtweisen!" krächzte auf einmal Marthas heisere Stimme. „Sie werden schon so dreist, daß unsereiner völlig zu kurz kommt. Ich glaube, sie haben vergessen, wer Herr im Teich ist!"

„Kann sein, kann nicht sein", sagte die Formosaente. „Dabei waren wir längst hier, als die ganze Brut ausgesetzt wurde."

„Wir müßten uns wehren!" hetzte Martha Stockente und versuchte, ein hintergründiges Lächeln zu verbergen.

„Und wie?" fragte die Formosaente spitz. „Dafür haben Sie wohl auch schon Vorschläge, wie?" Dabei blinzelte sie zu Lieschen Pfeifente hinüber, als wollte sie sagen: „Hör sie dir an, die dumme Wildente!"

„Nichts leichter als das", sagte Martha Stockente. „Falls Sie sich noch erinnern können, wie Enten kämpfen, ich meine, wie richtige Enten kämpfen."

„Das ist doch . . . das ist ja . . ." sagte die Formosaente, „. . . unerhört!"

„Sie meinen Kampf mit Schnäbeln und Flügeln?" fragte Lieschen Pfeifente.

„In der Tat!" sagte Martha.

„Wir müßten es neu erlernen", sagte Lieschen Pfeifente. „Einige von uns in jedem Fall."

„Machen Sie mich zum General, zu ihrem obersten Kriegsherrn, meine Damen!" sagte Martha Stockente und lachte, als hätte sie ihren Vorschlag witzig gemeint.

„Das wäre zu überlegen", sagte Lieschen Pfeifente nachdenklich. „Die Idee ist nicht schlecht."

Martha wahrte nur mühsam ihre Beherrschung. Die sind ja noch einfältiger, als ich glaubte, dachte sie insgeheim. Wenn zwei sich streiten, freut sich der Dritte. Sollen sie sich nur die Köpfe einschlagen. Das wäre doch gelacht, sollte ich, Martha Stockente, den Teich nicht bald für mich allein haben. Für mich und meinesgleichen.

Laut aber sagte sie: „Wollen wollte ich schon. Ich meine, euer oberster Kriegsherr sein. Aber wäre es denn auch allen recht? Schließlich kommen viele von euch aus den besten Familien. Ich aber bin nur eine einfache graue Wildente und ein Flüchtling auf dem Teich."

„Ach, das", stotterte die Formosaente und war froh, daß man unter ihrem Gefieder nichts von ihrem Erröten merken konnte, „ach, das bedeutet doch heutzutage gar nichts mehr."

„Recht hat sie", ließ sich da ein Brummbaß aus der Tiefe vernehmen. „Ein schlechter Kerl bleibt ein Lump, auch wenn er in Samt und Seide einhergeht. Und ein Friedensbrecher bleibt ein Friedensbrecher, ob er nun Wildente oder Zierente heißt. Von wegen, die unverschämten Karpfen! Die unverschämten Enten muß es heißen! Ein Segen, daß ich in der Nähe mein Mittagsschläfchen hielt! Hinterlistiges Pack!"

Der eilends aufgetauchte Karpfen brabbelte so zornig, daß Luftblasen wie an einer Schnur aus seinem dicken Maul perlten.

„Bisher haben wir euch geduldet", sagte er, „obwohl ihr uns mit euren scheußlichen Füßen Tritte versetzt und euer Geschnatter den Teich dröhnen läßt. Aber nun reicht es! Wir erklären euch den Krieg! Wollen sehen, wer hier wem einen Denkzettel verpaßt!"

Von da an wurde das Leben ganz anders am Teich.

Wo immer eine Ente das Wasser pflügte, zwickte und zwackte es an ihrem Bauch, hagelte es Püffe und Knüffe gegen ihre Beine.

Die brütenden Enten saßen dauernd im Feuchten, weil sich vor ihnen ein Fisch nach dem anderen in die Luft schnellte und einen Sprühregen von Wassertropfen über sie ergoß. Die dicksten schoben wahre Flutwellen vor sich her, daß die Nester und Eier pitschnaß davon wurden.

Die Fische selbst hingegen konnten sich nicht retten vor Bissen und Schnabelhieben der Enten. Manch einer starb an seinen Wunden und trieb mit aufgeblähtem Bauch an der Wasseroberfläche.

„Entsetzlich!" seufzte Lieschen Pfeifente, wenn sie Fräulein Formosaente traf. „Man kommt vor lauter Krieg kaum noch zum Fressen. Die Kinder sind vollends verwildert. Kaum eines kann richtig gründeln oder tauchen. Das nimmt ein böses Ende, meine Liebe!"

„Seit die Fische keine Mücken mehr fangen, lassen die Besucher auf sich warten", stöhnte die Formosaente. „Das letzte Stück Kuchen habe ich vor Wochen gefressen. So habe ich mir das alles nicht vorgestellt. So nicht!"

Auch die Fische waren mit der Lage unzufrieden.

„Die Algen wuchern wie im Urwald", murrten sie untereinander. „Kein Wunder. Seit die Enten nach uns hacken und zwacken, statt zu gründeln und den

Boden zu säubern, bleibt das ganze Unkraut stehen."

Nur Martha, die Stockente, schien von allem Elend unberührt. Sobald sonntags die wenigen verbliebenen Besucher ankamen, bezog sie Stellung unter der Brücke und stopfte Brot und Kuchen in sich hinein, bis ihr dicker Bauch sie beinahe auf den Grund zog.

„Wenn dieser Krieg noch lange dauert", sagte sie zu sich selbst, „gehört der Teich bald mir allein. Die Fische sterben schon, weil das Wasser voller Algen ist, die meisten Enten wollen auswandern, und mit den paar, die bleiben, werde ich leicht fertig."

Genüßlich putzte sie Flügel und Füße und nahm ein Vollbad unter einem weit überhängenden Ast einer Trauerweide.

„Wenn es nur schon so weit wäre!" sagte sie sehnsüchtig. „Ich könnte mir einen Mann suchen, Kinder haben und auf meinem See wie im Paradies leben."

Von Tag zu Tag verlor sie sich länger in ihre schönen Träume. Dabei bemerkte sie gar nicht, wie die Ententruppe immer widerspenstiger wurde.

„Warum soll eigentlich nur diese Martha unter der Brücke aufziehen?" rebellierten insgeheim die jungen Erpel. „Beobachten wir noch nicht lange genug, wie sie die besten Brocken selber frißt und den Küken nichts davon abgibt? Wie lange sollen wir uns noch unterdrücken lassen?"

„Wozu überhaupt noch Wache halten?" schimpften die Entenweibchen. „Es wird Zeit, daß Frieden einkehrt und Ordnung. Wir wollen Kinder haben und satt zu essen. Was kümmern uns die Fische? Platz ist für alle da."

So stachelten sie sich gegenseitig an, und eines Tages wählten sie zwei Anführer, die zu Lieschen Pfeifente gehen sollten.

„Die Sache ist die", sagten sie und sprachen sich ihre Sorgen von der Seele.

„Nun gut", sagte Lieschen Pfeifente und strich erst mal ihre Bauchdaunen glatt. „Laßt sehen, ob ich den Karpfenminister überzeugen kann. Ihr habt recht, dieser Krieg ist nur zu unser aller Schaden. Er muß ein Ende nehmen, wenn wir nicht zugrunde gehen wollen."

Und ohne ihren General Martha Stockente zu befragen, wurde sie beim obersten Karpfenminister für Krieg und Frieden vorstellig.

Der hörte sich ihre lange Rede ruhig an und machte manchmal beifällig „Blubb-Blubb".

„Ganz unsere Meinung", sagte er end-

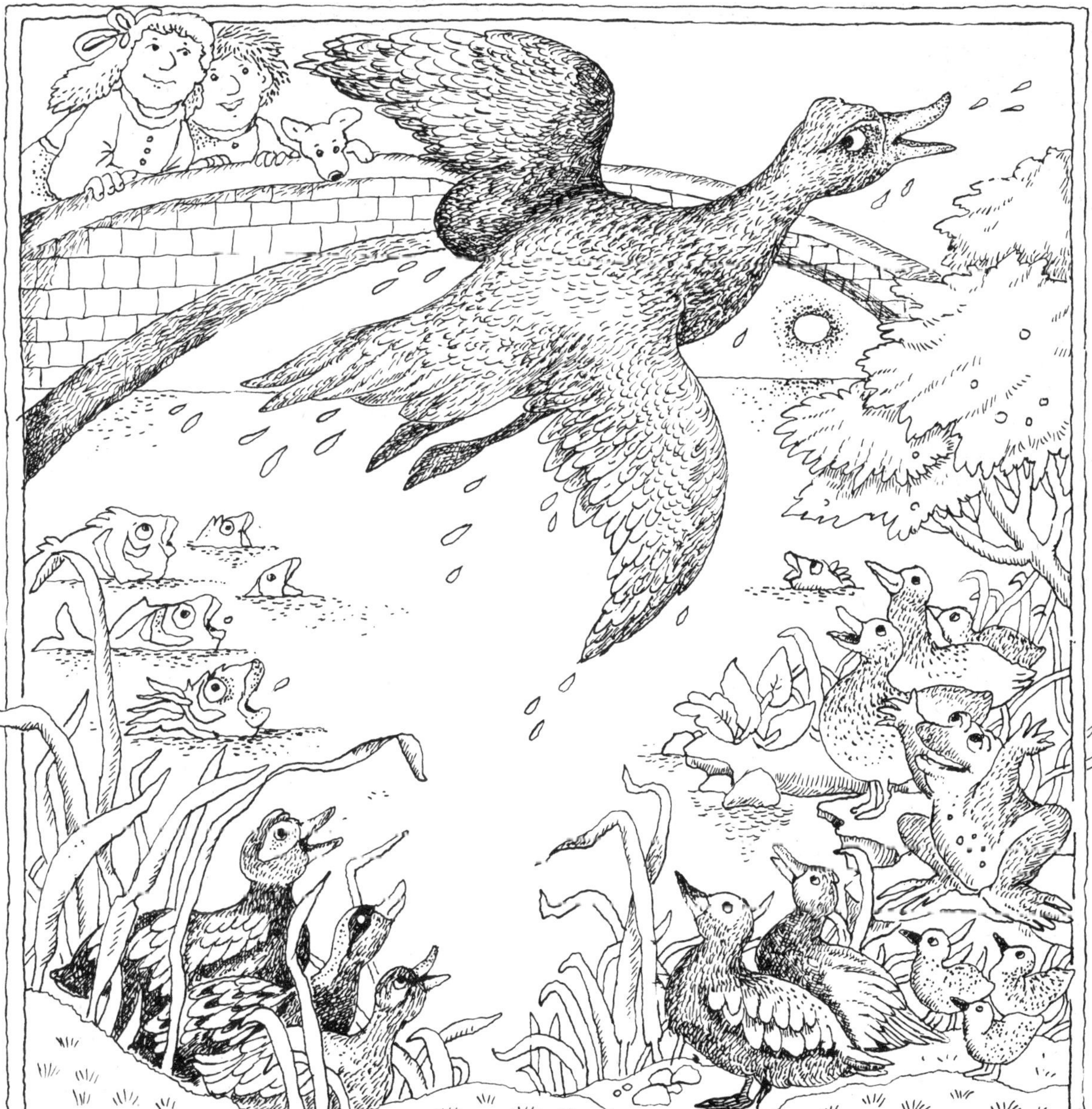

lich behäbig. „Auch wir haben diesen Krieg satt. Nur diese Martha Stockente muß weg, sonst geht es uns schlecht."
„Aber wie?" fragte Lieschen Pfeifente.
„Moment!" sagte der Karpfenminister und lauschte, ob irgend jemand in der Nähe sei.
„Wir haben Spione!" sagte er wichtig und gab ein Zeichen mit der breiten Rückenflosse. Das sollte „Oberste Geheimhaltungsstufe!" bedeuten.
Das Zeichen wurde schnell von einem Karpfen zum anderen weitergegeben. Bald waren alle verständigt.
Da rückten Wachposten vor dem Fischpalast auf und bildeten eine doppelte Reihe vor allen Ein- und Ausschlüpfen. Drohend reckten sie ihre Kiemendeckel und Stachelflossen. Wehe dem, der jetzt in ihre Nähe kam! Jeden würden sie auf der Stelle töten. So lautete der Befehl.
Der wachhabende Frosch auf dem Seerosenturm aber erhielt Weisung, Alarm zu quaken, damit kein Fisch es wagen sollte, aus seinem Schutzdach herauszuschwimmen.
Als der Frosch draußen losquakte, daß es eine Art hatte, atmete der Karpfenminister auf.
„So", sagte er. „Wir wollen uns beraten, meine Teuerste, was gegen dieses Ungeheuer von Stockente zu unternehmen ist."
Martha wußte in den nächsten Tagen nicht, wie ihr geschah. Die Fische sprangen und schnappten nach ihr wie nie zuvor, so daß sie sich kaum mehr ins Wasser wagte.
„Ruft die Ententruppen zusammen!" schnatterte sie ihren Blitzmeldern, den blauen Bachlibellen, zu. „Und daß mir keiner fehlt!"
Als sie aber die versammelten Truppen abschreiten wollte, schlugen plötzlich die Erpel mit ihren harten Flügeln nach ihr und bissen sie in den Hals, daß sie knapp mit dem Leben davonkam. Die Entenweibchen schrien ihr Schimpfworte hinterher. Gehorchen wollte ihr jedenfalls keiner mehr. Aufgebracht ließ Martha nach Lieschen Pfeifente rufen. Lieschen Pfeifente, von der Martha stets geglaubt hatte, sie könne einmal ihre Freundin werden, schwamm im Schutz der Karpfenscharfbeißer unter der japanischen Brücke. An *ihrem* Platz! Martha mochte ihren Augen nicht trauen.
„Wir haben den Schnabel voll vom Krieg und von dir!" zischte Lieschen Pfeifente sie an und reckte ihr drohend den langen Hals entgegen. „Flieg weg, ehe wir

dich vor unser Kriegsgericht stellen!"
„Undankbares Pack!" schrie Martha.
„Weichschnäbel, Schlappschwänze
seid ihr!"
Aber sie hob vom Wasser ab. Sie war
klug.
„Endlich!" schnatterte die Entenschar
ihr nach. „Laß dich nur ja nie wieder bei
uns blicken!"
Nur Lieschen Pfeifente konnte nicht aus
vollem Herzen in das laute Lachen und
Freudenzetern einstimmen, das Martha
über den Park hinweg nachscholl.
„Eigentlich tut sie mir leid", sagte sie.
Aber niemand hörte ihr zu.

Wie die Mäuse die Ratten überlisteten

Ritz Ratte lag in einer Blättermulde und ließ sich die letzten warmen Strahlen der Herbstsonne auf seinen schwarzgrauen Pelz brennen.

„Wer hätte das gedacht, daß es mir mal so gut gehen würde?" sagte er halblaut und pfiff durch die Zähne, denn er war glücklich. „Wißt ihr noch, wie ich hier vor zwei Jahren bei euch ankam?"

„Ha, Mäuseschwanz und Rattenplage!" rief Ede Raffzahn, die Spitzmaus, und nickte im Kreis der anderen Ratsherren herum. „Wie sollte einer den Tag vergessen?"

„Es goß in Strömen", sagte Mehlwurmfresser, der erste Ratsherr der Mäuse. „Der Sommer war kalt und naß gewesen, die Ernte mager. Keiner hatte genug Korn im Keller. Kinder waren fast keine geboren worden, und von den Alten waren die meisten gestorben. Ein böses Jahr. Das schlimmste seit langer Zeit."

„Ja", sagte Schlitzohr, der Bürgermeister. „Genau. Alle litten Not. Nur die Ratten nicht. Denen ging's am besten. Abfälle kamen jeden Tag genug aus der Stadt."

„Ich weiß, ich weiß", sagte Ritz Ratte. „Keiner weiß das so gut wie ich, war ich doch lange genug unter den Ratten. Hab' ich euch eigentlich erzählt, was damals los war bei uns am Bach?"

„Jedes Jahr schon fünfzigmal", rief Ede Raffzahn und lachte.

„Nein, nein!" schrien die Kinder, die an diesem Nachmittag die Hauptpersonen waren. Denn sie feierten Erntedankfest und Kleinkinderletag in einem. „Erzähl, Onkel Ritz, erzähl!"

Ritz Ratte schmunzelte. Nichts mochte er lieber als erzählen.

„Du meine Güte!" machte er die schrille Rattenstimme seiner Mutter nach.
„Nicht nur, daß du uns Schande machst, weil du kaum größer gewachsen bist als eine Maus; ein Feigling mußt du auch noch sein. Ein Feigling! Als ob es so was schon jemals in unserer Familie gegeben hätte!"

Damals hatte sie ihm eine Ohrfeige runtergehauen, daß er rückwärts in eine Ecke gepurzelt war. Und dann hatte sie ihm auch noch ins Ohr gebissen. Ritz Ratte faßte sich jetzt ans Ohr, als ob es noch immer schmerzte, und sah die Mäusekinder an, die vor Aufregung zittrige Schnurrhaare bekommen hatten.
„Hast du geheult?" fragte der kleine Cäsar Raffzahn und schaute vorsichtig zu seinem Vater Ede.
„Klar!" sagte Ritz Ratte. „Und wie! Kannst du dir wohl denken."
Geheult hatte er tatsächlich und sich die Backe gehalten und das Ohr. „Bin überhaupt kein Feigling!" hatte er dabei gebrüllt und sich vorsichtshalber schon gleich geduckt, ehe die Mutter noch einmal zulangen konnte. „Aber es ist gemein, was ihr vorhabt. Gemein, gemein, gemein!"
„Dummschwätzer!" war seine Mutter aufgebraust, hatte sich dann aber doch seufzend in ihren Apfelsinenkistensessel gesetzt und versucht, ihm die ganze Geschichte zum allerallerletzten Mal zu erklären.
„Unser Rattenvolk wächst und wächst", hatte sie gesagt. „Wo sollen wir denn hin mit den vielen Kindern und alten Leuten? Sollen wir hier am Bach einander tottreten, wenn dicht vor unseren Nasen bestes Siedlungsland ist?"
„Aber es gehört uns nicht!" hatte Ritz Ratte geschrien. „Vater Ratzekahl hat mir erzählt, daß die Mäuse dort gelebt haben, seit er denken kann. Und Vater Ratzekahl ist uralt und ganz weißhaarig."
„Du immer mit deinem Vater Ratzekahl!" hatte die Mutter gesagt und mit der Hand durch die Luft gewischt, als wollte sie Fliegen fangen. „Selbst wenn Vater Ratzekahl recht hätte, brauchen wir jetzt das Land. Wir sind mehr. Und außerdem sind wir klüger und stärker und besser und überhaupt."
„Woher willst du denn wissen, ob wir klüger und besser sind?" hatte Ritz Ratte gefragt. „Meint ihr, bloß weil die Mäuse kleiner sind, sind sie auch dümmer?"
„Ach, jetzt verstehe ich!" hatte die Mutter gelacht und war aufgestanden. „Daher weht also der Wind! Du denkst, weil du klein bist, mußt du alle Kleinen zu deinen Schützlingen erklären!"
„Quatsch!" hatte Ritz Ratte gerufen, aber sie hatten beide genau gewußt, daß die Mutter recht hatte.
„Warum stehst du denn den Kleinen immer bei?" fragte jetzt ein Mäusemäd-

79

chen aus Ritz Rattes kleiner Zuhörerschaft.

„Wenn einer selbst klein ist und von Großen dauernd gehänselt wird, weiß er eben, wie das ist", sagte er. „Vor allem weiß er, wie das ist, wenn er sich nicht richtig wehren kann und sich gerne wehren möchte."

„Genau", sagte der kleine Cäsar Raffzahn und schaute wieder zu seinem Vater Ede hin. „Das ist, wie wenn Große Kleine hauen, bloß weil die Kleinen mal nicht gleich gehört haben. Aber wenn die Großen mal nicht gleich hören, haut sie keiner."

Ritz Ratte strich sich schmunzelnd den Bart und wiegte den Kopf auf den Schultern.

Vater Ede Raffzahn schnupfte durch die Nase. Er war ein bißchen verlegen. Daß ihn der Bengel so blamieren mußte!

Ritz Ratte nickte ihm zu. Meine Mutter, dachte er, wenn die sich damals nur auch mal geschämt hätte. Aber sie hatte nicht. Im Gegenteil.

Kaum hatte er damals „Quatsch!" gerufen, hatte sie schon wieder mit der Hand ausgeholt.

„Mäuse", hatte sie gesagt, „sind dümmer, weil sie kleiner sind und deshalb weniger Verstand in ihren Kopf reinpaßt als in unseren. Aber noch viel dümmer sind sie wegen ihrer Lebensweise. Rackern sich ab für ein paar lumpige Körnchen und stopfen ihre Vorratskammern voll damit, wo direkt vor ihrer Nase die feinsten Leckerbissen im Bach antreiben. Wenn das nicht Dummheit ist, weiß ich nichts mehr."

„Vielleicht ekeln sie sich ja vor dem stinkigen Zeug . . .", hatte Ritz Ratte gemurmelt. Ehe er aussprechen konnte, hatte er eine so heftige Backpfeife erwischt, daß ihm der Kopf schwirrte.

„Was hast du dann gemacht?" fragte Susabella Mäusepfote und riß ihre Augen so groß auf, daß sie fast aus dem Kopf fielen.

„Dann habe ich mich entschlossen abzuhauen", sagte Ritz Ratte. „Das war aber nicht so leicht. An allen Bachwindungen waren Wachposten aufgestellt. Manchmal kam nämlich ein starker Kater in unser Gebiet und stellte der Rattenjugend nach. An der ersten Windung hatten sie mich gleich beim Kragen. Da war's erst mal aus mit der Ausreißerei."

„Warum?" fragte Cäsar Raffzahn gespannt und rutschte näher an den Rattenonkel heran.

„Ja, das ist so", sagte Ritz Ratte. „Bei uns daheim gibt es ein altes Rattenge-

setz. Und nach diesem Gesetz muß jeder Ausreißer bestraft werden. Die Strafe aber ist, daß er ein Jahr lang im Bachschlick neue Gänge und Gräben anlegen muß. Erst wenn das Jahr vorbei ist und man sich so richtig rattenmäßig gut benommen hat, ist man frei und kann wieder ein normales Leben in den sauberen Wohngängen leben."
„O je!" sagte Cäsar Raffzahn.
Ritz Ratte schüttelte sich. Die Erinnerungen stürmten zu lebhaft auf ihn ein. Dieser Gestank und Dreck an seinem Körper, die Schläge und die furchtbare Schindarbeit im Bachschlick, wo verfaultes Kraut und Aas zu einem dicken Brei zusammengeklebt waren!
„Zum Glück", sagte er, „kam dann eines Tages ganz unverhofft der starke Kater. Der Wachposten hatte ihn nicht bemerkt. Kater schleichen auf weichen, leisen Pfoten. Wißt ihr ja. Und er war über ihm, ehe er auch nur einmal pfeifen konnte. Als die anderen, die uns Zwangsarbeiter im Schlick beaufsichtigen sollten, den Kater kommen sahen, rasten sie weg, so schnell sie konnten. Trotzdem fing er drei und verletzte zwei andere schwer."
„Dich fing er nicht?" fragte Susabella Mäusepfote. Einmal hatte sie nämlich beobachtet, wie eine grauweiße Katze eine Maus aus der Nachbarschaft gefangen und nach langer Quälerei gefressen hatte.
„Ich war dem Kater wohl zu dreckig und zu klein", sagte Ritz Ratte. „Angestarrt hat er mich zwar. Dann ging er aber weg. So, mit hochgedrehtem Schwanz, ihr wißt schon."
Die Mäusekinder lachten ein bißchen, denn Ritz Ratte konnte Katzen prima nachahmen.
„Ich mich umgedreht, gerannt und gerannt und unter einer hohlen Baumwurzel versteckt!" sagte Ritz Ratte und machte vor, wie er sich geduckt und aus schmalen Augen vorsichtig unter dem Grasrand über der Wurzel herausgelugt hatte. „Es kam aber keiner. Die anderen dachten wohl, der Kater hätte mich gefressen. Und meine Mutter war, glaub' ich, ganz zufrieden damit. Sie war nämlich meinetwegen von den anderen Ratten oft verspottet worden."
Die Mäusekinder schauten nachdenklich und erschrocken. Cäsar Raffzahn rückte sehr nahe an den Rattenonkel heran. „Ich wär' aber nicht froh, wenn du weg wärst", sagte er. „Ich würd' dich suchen. Und wie!"
Ritz Ratte lachte zufrieden.

„Kommt", sagte er mit einem festen Räusperer, „gehen wir zum Labyrinth! Ich will euch zeigen, wie dann alles weiterging. Habt ihr Lust?"

„Ja! Ja! Ja!" schrien die Kinder und sprangen auf.

Das Labyrinth kannten sie alle. Es wurde ja oft genug in der Schule besprochen und aufgezeichnet. Jede Maus mußte das Labyrinth besser kennen als ihre eigene Wohnung, denn es war die Fluchtburg für alle, wenn Gefahr drohte. Ritz Ratte aber kannte das Labyrinth am allerbesten, denn er war der Erfinder.

Als die ganze Mäuseschar am Grenzwall angekommen war, durch dessen Hügel sich das Labyrinth in seiner ganzen Länge hinzog, fragte Ritz Ratte: „Durch welchen dieser vielen Ausgänge hier bin ich vor zwei Jahren gekommen? Wer kann mir diese Frage beantworten?"

„Ich, ich!" rief Cäsar Raffzahn und zeigte auf einen Ausgang in der Mitte des Grenzwalls. „Durch diesen da. Die anderen sind nämlich alle erst viel später gegraben worden. Mein Vater schlief gerade unter dem Stein da und träumte von frischen Holunderbeeren. Da fing es auf einmal laut zu poltern an, und viele Steine und Erdbollen krachten über ihn weg. Mein Vater hatte schreckliche Angst, weil er noch nie ein Erdbeben erlebt hatte, und hielt sich die Augen zu. Als er sie wieder aufschlug und sah, daß er noch am Leben war, wollte er gleich wegrennen. Aber da sah er dich aus dem Gang krabbeln und auch, daß du müde warst und voller Schmutz. Und da hat er dir einfach geholfen. Obwohl du wie eine richtige Ratte ausgesehen hast, bloß kleiner, und er ein bißchen Angst vor dir hatte."

„Bravo!" lobte Ritz Ratte. „Genauso war's. Dein Vater hat mir damals das Leben gerettet. Ich bin sehr froh, daß er mein Freund geworden ist, obwohl ich eine richtige Ratte bin, bloß kleiner."

Cäsar Raffzahn wölbte die Brust und streckte sich. „Ha!" sagte er. „Mein Vater ist eben tapfer!"

„Weiß denn einer von euch auch, warum wir das Labyrinth angelegt haben?" fragte Ritz Ratte weiter und schaute die Mäusekinder der Reihe nach an.

„Um uns zu schützen", piepste Susabella Mäusepfote. „Wegen der Ratten am Bach. Sie sollten sich darin verlaufen."

„Richtig", sagte Ritz Ratte. „Und warum kann man sich in den Gängen verlaufen?"

„Weil das Labyrinth aus hundertundeinem Gang besteht", sagte Piefke Langschwanz mit den vorstehenden Zähnen. „Ein Gang führt immer in den anderen und von da weiter in den nächsten und von da weiter in den übernächsten und überübernächsten..."

„... und überüberübernächsten", riefen die anderen Mäusekinder im Chor.

Ritz Ratte grinste.

„Genau", sagte er. „Und von da wieder in einen anderen, rein und raus, raus und rein und immer weiter. Wißt ihr denn aber auch, wie die ganze Geschichte weiterging?"

„Erzähl, erzähl!" riefen die Mäusekinder und sprangen an ihm hoch.

„Das war nämlich so", sagte Ritz Ratte und setzte sich auf einen Baumstumpf. „Ich war ja nun meiner bösen Verwandtschaft entkommen. Es gefiel mir bei euch. Ich war bei euch zu Hause. Der Gedanke, daß die Ratten bald in dieses Land einfallen würden, quälte mich unablässig. Eines Nachts schreckte ich aus dem Schlaf, weil ich geträumt hatte, daß ich wieder auf der Flucht sei und mich verirrt hätte. Und da kam mir die Idee. Wie sollten die Ratten uns etwas anhaben, wenn sie nie bei uns ankämen, sondern sich irgendwo verirrten?"

„Und dann hast du mitten in der Nacht auf der großen Trillerpfeife geblasen!" rief Piefke Langschwanz mit den vorstehenden Zähnen. „Auf der, die mein Opa mal gefunden hat. Die jetzt im Wachturm hängt. Ich meine, im Weißdornbusch, ihr wißt schon, da, wo immer einer raufklettern und aufpassen muß."

Die anderen Mäusekinder nickten. Den Wachturm kannten sie.

„Die Trillerpfeife wurde nur bei allergrößter Gefahr geblasen", sagte Ritz Ratte. „Es gab keine Maus, die in ihrem Loch geblieben wäre, wenn es trillerte. Und genau das wollte ich. Alle sollten herhören."

„Weil alle helfen sollten", sagte der kleine Cäsar Raffzahn.

„So ein Labyrinth ist eine schwierige Sache", nickte Ritz Ratte. „Was glaubt ihr, wie viele Stunden wir Männer gerechnet, gezeichnet und beratschlagt haben, ehe wir endlich wußten, wie es zu schaffen war? Von dieser Nacht an gruben alle Mäuse, die daheim nicht gebraucht wurden, am Berg", fuhr Ritz Ratte fort.

„Kinder auch?" fragte der kleine Cäsar Raffzahn.

„Kinder auch", sagte Ritz Ratte. „Sie und unsere Frauen hatten reichlich zu tun, die Erde und die Steine, die wir

Männer aus dem Berg schaufelten, in Körbe zu laden."

„Warum denn das?" fragte Irmelin Spitzmaus.

„Über den Eingang des Labyrinths hatten wir aus Stroh und Stöcken eine breite Matte geflochten", erklärte Ritz Ratte. „Als wir die unterirdischen Gänge fertig hatten, schichteten wir die ausgehobene Erde über dem Eingang auf, und die Matte hielt sie darüber fest."

„Und wenn einer einen Stock aus der Matte rauszog – rumms, krach, bauz!" schrie Ede Raffzahn mit den vorstehenden Zähnen und zeigte mit den Händen, wie die Erde herunterdonnern würde.

„Stimmt", sagte Ritz Ratte. „Und jetzt paßt auf! Als wir die ganze Rattenfalle fertig hatten, ließen wir durch unsere Freunde, die Spatzen, im Rattenland das Gerücht verbreiten, daß wir eine neue Siedlung gebaut hätten. Ich wußte, daß die Ratten in ihrer eigenen Enge vor Neid und Zorn kochen würden, wenn sie sich vorstellen mußten, wie wunderbar wir es hatten. Und ich wußte auch, daß sie keinen Tag länger zögern würden, uns endlich anzugreifen."

„Hattet ihr denn keine Angst?" fragte Susabella Mäusepfote und nagte vor Aufregung an ihrer Schwanzspitze.

„Wir hatten einfach keine Zeit, drüber nachzudenken", sagte Ritz Ratte und strich sich den Bart. „Kaum brachten uns die Spatzen die Nachricht, daß sich die Ratten zum Angriff sammelten, da witschte jeder von uns in sein Loch und verrammelte seinen Eingang mit Steinen, die wir eigens dafür zurechtgelegt hatten. Ich aber duckte mich über dem Eingang des Labyrinths, daß mich keiner sehen konnte, und wartete."

„Warum ausgerechnet du?" fragte der kleine Cäsar Raffzahn und schaute sich nach seinem Vater um.

„Weil ich erstens am meisten über Ratten weiß", sagte Ritz Ratte mit einem kleinen Auflachen. „Und weil ich zweitens zwar eine mickrige Ratte, aber immer noch eine riesige Maus und außerdem stärker bin als jede andere Maus. Ich hatte mich jedenfalls gerade eben versteckt, da kamen sie über den Berg. Wie eine Welle am Meer. Ein schwarzgrauer Rücken am anderen, Schwanz an Schwanz, ein böse glänzendes Auge neben dem anderen. Kein Krümelchen Erde gab Laut, so glitten sie in unser Labyrinth hinein."

„Warum denn das?" fragte Irmelin Spitzmaus, denn das war ihre Lieblingsfrage.

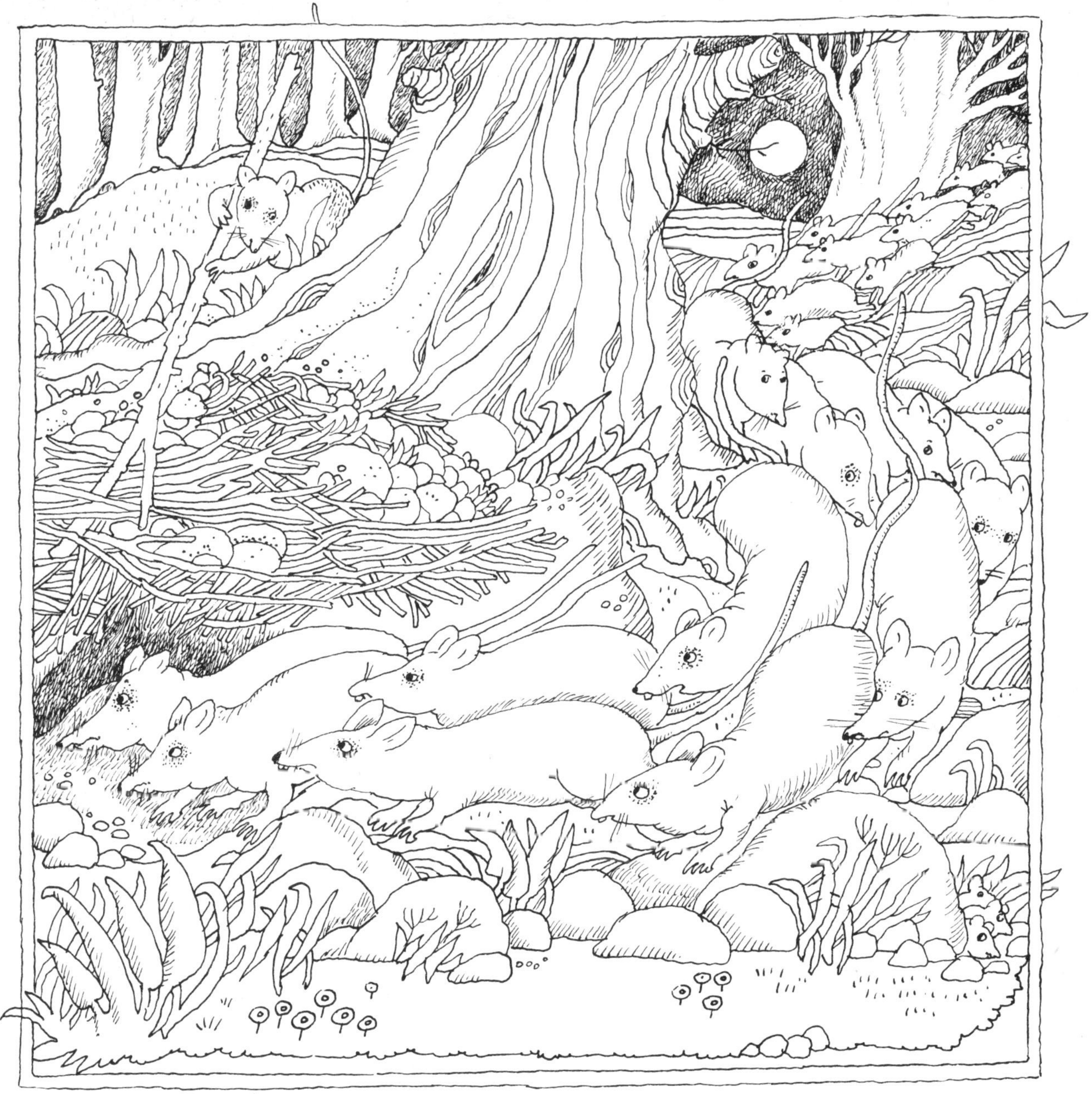

„Warum suchten sie denn nicht die richtigen Wohnlöcher?"

„Herrjessesvergesses!" rief Piefke Langschwanz mit den vorstehenden Zähnen. „Du kapierst auch gar nichts! Weil sie doch dachten, wir Mäuse hätten eine neue Siedlung angelegt und würden jetzt im Labyrinth wohnen!"

„Ach so!" sagte Irmelin Spitzmaus.

„Und dann, Onkel Ritz? Was hast du dann gemacht?" rief Cäsar Raffzahn ungeduldig.

„Der letzte Rattenschwanz war im Labyrinth verschwunden", sagte Ritz Ratte. „Ich lauschte einen Augenblick, ob drinnen im Berg schon der Teufel los sei. Aber noch hatte die erste Ratte nicht gemerkt, was gespielt wurde. Da riß ich den mittleren Pflock unserer Flechtmatte aus dem Boden. Wie eine Lawine polterte und holperte die aufgehäufte Erde den Berg runter. Der Eingang war zu!"

„Aber dann?" rief Susabella Mäusepfote. „Die Ratten konnten den Eingang doch wieder freigraben. Sie konnten doch immer noch in unsere richtigen Wohnlöcher kommen."

„Du hast eins vergessen", sagte Ritz Ratte behaglich schmunzelnd. „Du hast vergessen, daß wir unsere Gänge so angelegt hatten, daß jeder einzelne an seinem äußersten Ende in einen einzigen gemeinsamen Gang mündete. Dieser eine Gang aber führt zur großen Müllhalde nahe der Menschensiedlung. Und wo könnte es herrlicher für Ratten sein, als mitten in einer Müllhalde?"

„Du meinst, dort leben sie heute noch?" fragte der kleine Cäsar Raffzahn.

„Ja", sagte Ritz Ratte. „Und sie werden nie wieder zurückkehren."

Von Pünktchen Marienkäfer, genannt PM

Im Gasthaus „Zum braunen Waldschrat" ging es hoch her. Grasmücke, die Wirtin, konnte nicht schnell genug die Gläser mit Honigwein füllen. Die Kellner-Zwerge rannten sich ihre Pantoffeln krumm. Und Mufti Nasenbär, der Koch, servierte jedermann Heideröschensalat mit grüner Entenflottsoße, sogar denen, die Engerling im Blätterteigmantel bestellt hatten. In den Nebenzimmern spielten sie allerlei Kartenspiele, zum Beispiel „Schwarze Spinne, Nuckelpinne" oder „Schafskopf". Da wurde gelacht und getratscht. Und in den Geißblattlauben der Gartenterrasse schmusten die Liebespaare.
Nur einer saß still für sich: Pünktchen Marienkäfer.
Grasmücke, die Wirtin, hatte ihm ihren besten Becher aus jungen Eichenkapseln mit süßem Wein gefüllt. Pünktchen Marienkäfer hatte es kaum bemerkt. Er saß nur da und seufzte vor sich hin. Und wenn er ins Wasser gefallen wäre, wäre er hundertprozentig sofort ertrunken.

So schwer war sein Herz.
„Hängst da rum wie ein Tropfen in der Kurve", quakte es plötzlich hinter ihm, und eine feuchte, kalte Hand patschte auf seine Schulter.
„Ach, du bist es", sagte Pünktchen Marienkäfer, ohne sich umzusehen, denn wer so quakte, konnte nur Hüpferling Laubfrosch sein.
Hüpferling Laubfrosch schnickte Grasmücke, der Wirtin, mit Daumen und Zeigefinger zu und zeigte auf Pünktchen Marienkäfers Weinbecher. „Mir auch einen, bitte", rief er.
Grasmücke, die Wirtin, nickte.
„Wie einer an so einem Frühlingsabend so sauertöpfisch dreinschauen kann, ist mir schleierhaft!" sagte Hüpferling Laubfrosch und zog sich einen Moospolsterstuhl an Pünktchen Marienkäfers Tisch.
„Wenn dir wäre, wie mir ist!" sagte Pünktchen Marienkäfer und nahm einen ersten langen Schluck aus seinem Weinbecher.

„Frei weg vom Weiher, Freund!" sagte Hüpferling Laubfrosch vergnügt. „Raus mit der Sprache, was gibt's?"
„Du hast gut reden", sagte Pünktchen Marienkäfer mit Grabesstimme. „Du mit deiner riesigen Froschfamilie. Du warst doch noch nie richtig allein. Du hast doch immer einen, der zu dir hält."
„Versteh' ich nicht", sagte Hüpferling Laubfrosch. „Wenn du nicht allein sein willst, warum unternimmst du dann nichts dagegen?"
„Wie denn?" fragte Pünktchen Marienkäfer. „Freunde kriegt einer doch nicht wie – wie – eben einfach so."
„Guck mich an", sagte Hüpferling Laubfrosch. „Ich bin zum Beispiel im Gesangverein. Da bin ich, weil da viele sind, die dasselbe gern tun wie ich, nämlich singen."
„Ich kann aber nicht singen", sagte Pünktchen Marienkäfer.
„Schon probiert?" fragte Hüpferling Laubfrosch und schlug mit der Faust auf den Tisch.
„Das ist doch überhaupt die Idee! Du kommst mit mir zur Probe. Gleich morgen früh um zehn. Bei uns ist es prima, du. Wirst schon sehen."
„Wenn du meinst", sagte Pünktchen Marienkäfer.

Und dann tranken sie zusammen ein Viertele Honigwein vom Besten.

Am nächsten Morgen schwirrte Pünktchen Marienkäfer auf die Minute genau zur Probe am Karpfenteich. Die Frösche saßen schon auf ihren Seerosenblättern und übten quakend ihre Stimme. Ein paar Teichmolche lagen auf blühenden Bilsenkräutern und fiepten dazwischen. Sie waren nämlich für die hohen Stimmlagen zuständig.
Pünktchen Marienkäfer klappte unschlüssig mit den harten Flügeldeckeln. Ob er überhaupt willkommen war?
„Hej, hierher, hallo, huhu!" rief und winkte jemand vom linken Chorflügel und drängelte sich zwischen den dicken Ochsenfröschen vom Baß hindurch. Hüpferling Laubfrosch! Pünktchen Marienkäfer hätte ihn beinahe nicht erkannt, so mit Fliege unter dem Kinn und Zylinderhut. Schüchtern ließ er sich mit in die Tenorgruppe ziehen und setzte sich unter ein Blütenblatt.
„Noten brauchst du heute keine", raunte Hüpferling Laubfrosch ihm zu. „Kannst bei mir reingucken. Hör genau auf mich. Alles klar?"
Pünktchen Marienkäfer nickte, obwohl ihm gar nichts klar war. Noten konnte

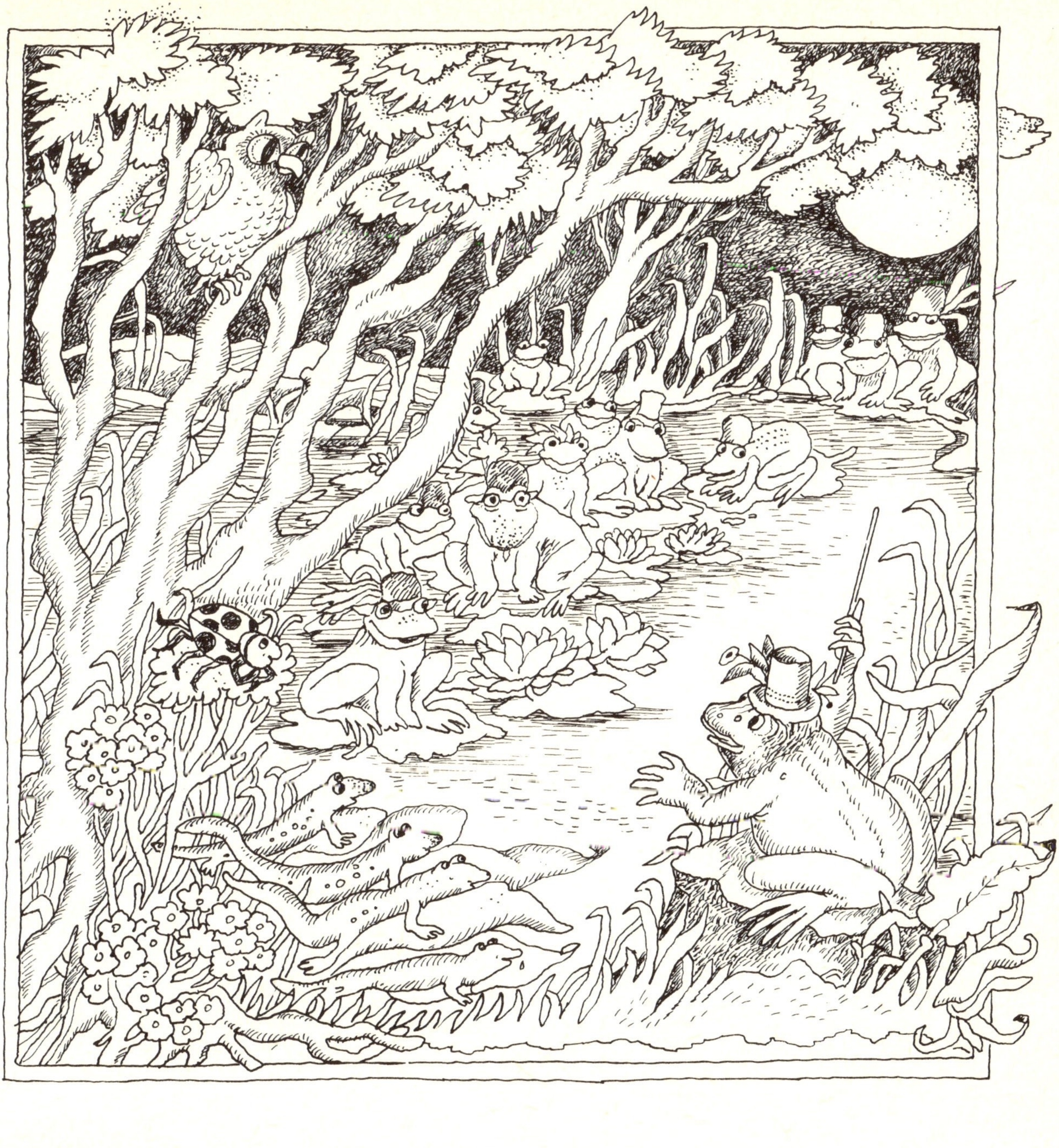

er nämlich nicht lesen. Wie peinlich! Besser, er zog erstmal die Rockschöße glatt und begrüßte die andern ringsum. Fühlerwedeln reichte ja wohl.

„Bitte, meine Lieben!" rief Schulmeister Unkenbein in diesem Augenblick. „Alle ein A!" Er blähte seinen Bauch und Hals und ließ ein schönes rundes A aus seinem Maul strömen. Die anderen Frösche a-ten auch. Das klang wunderschön. Pünktchen Marienkäfer wagte nicht, laut zu atmen.

„Sing mit!" zischte Hüpferling Laubfrosch ihm ins Ohr.

Als Pünktchen Marienkäfer jedoch den Mund öffnete, hob Schulmeister Unkenbein den Taktstock. Da schwiegen die anderen alle, und Pünktchen Marienkäfer, der von Taktstöcken nicht die blasseste Ahnung hatte, summbrummte sein A ganz alleine. Solo!

Schulmeister Unkenbein stand krumm vor Schreck. Und Hüpferling Laubfrosch wurde ein wenig bläßlich um die Augen.

„Wer war das?" schrie Schulmeister Unkenbein, denn er war jähzornig und wegen jedem Mückensirren gleich unter dem Farnwedel.

Keiner muckste sich. Pünktchen Marienkäfer schon gar nicht. Wenn der da vorn nun sein Stöckchen nicht nur zum In-der-Luft-wedeln benutzte! Schulmeister Unkenbein sah aus, als wollte er jede seiner Warzen einzeln platzen lassen. „Wer noch mal unkt, fliegt!" sagte er schließlich und klopfte sich mit dem Taktstock an den Schenkel. „Wir fangen an. Bittesehr, den Kanon vom Frosch am See. Baß beginnt!"

Die Ochsenfrösche pumpten Luft und blähten sich auf. Gemeinsam legten sie los:

Der Frosch am See, der Frosch am See,

der Frosch am See, der Frosch am See,

er kann nicht mehr quak, quaki-do, quaki-da,

er kann nicht mehr quak, quaki-di, quaki-du,

quakaraka, quakarakadu, quakidee.

An der Stelle „Der Frosch am See, der Frosch am See", erste Strophe, setzten die Baritonstimmen ein. Das waren die Erdkröten und die Teichmolche.

Und an der Stelle „Der Frosch am See, der Frosch am See", zweite Strophe, legten die Tenöre los. Nämlich die Springfrösche und Laubfrösche. Und natürlich Pünktchen Marienkäfer.

„Der Frosch am See, der Frosch am See", summbrummte er und gab sich Mühe, den Mund schön weit und breit zu öffnen.
„Halt!" rief Schulmeister Unkenbein sofort und schlug mit seinem Taktstock ins Röhricht, daß es knackte. „So nicht, so nicht, so nicht! Höher! Die Tenöre allein!"
„Klappe!" flüsterte Hüpferling Laubfrosch und trat Pünktchen Marienkäfer noch eben rechtzeitig ans Bein. Pünktchen Marienkäfer quietschte vor Schreck.
Da war der Ton so strahlend wie selten einmal. Schulmeister Unkenbein bekam einen verklärten Blick. „Jetzt brate mir doch einer einen Storch!" sagte er. „Ihr könnt! Vertrackte Bande, die ihr seid. Wollt ihr wohl gleich?" Und hob den Stock zum Zeichen für die andern.
Ein Weilchen quietschte Pünktchen Marienkäfer noch mit, so weh tat ihm sein Schienbein, dann war's wieder gut, und schon summte er lauter und tiefer als zuvor.
Die anderen sahen sich verstohlen nach ihm um. Sie konnten ihn bloß nicht finden. Er hatte sich in eine frische Seerosenblüte verkrabbelt. Wer will schon gern gefressen werden. Wo jedes Marienkäferbaby weiß, was Frösche lieben. So sahen sie nur immer Hüpferling Laubfrosch.
Seine Fliege war ein bißchen verrutscht. Das kam, weil er vor Aufregung dauernd einen Finger hinter die Kragenbinde klemmte und sie weiter zu zerren versuchte.
„Hüpferling Laubfrosch!" sagte Schulmeister Unkenbein und sprach in seinem Zorn ganz leise und sanft. „Daß du ein Tunichtgut bist, weiß jeder. Daß du ein Leichtfuß und rechtes Breitmaul bist, weiß auch jeder. Aber daß du ein Störenfried und Spielverderber bist, hat bis heute keiner gewußt. Hiermit bist du aus dem Chor entlassen. Capito? Entlassen sage ich! Verduftibus, verschwindibus, avanti, froscholanti!"
Hüpferling Laubfrosch öffnete den Mund und schloß ihn wieder. Er sah sich nach allen Seiten um.
Die Frösche, die er direkt anschaute, wandten die Augen ab. Die anderen taten, als wäre nichts.
Pünktchen Marienkäfer kauerte unter seinem Blätterdach. Er sah sehr gut, was vor sich ging. Und wenn er auch nicht besonders tapfer war – so etwas konnte er nicht ertragen.
„Pardon!" sagte er darum und kraxelte

aus seiner Seerose. „Bitte sehr um Vergebung. Habe wohl gestört. Keine Absicht. Kein Gehör, Sie verstehen, total unmusikalisch. Meine Herren, ich bitte mich verabschieden zu dürfen!" Und ehe noch dem einen oder anderen Frosch das Maul wäßrig werden konnte, surrte er mit weit gespannten Flügeln davon.

Sein Panzerchen leuchtete noch lange rot in der Sonne.

„Wenn ich den nochmal vor die Zunge kriege", sagte Schulmeister Unkenbein, „dann schlapp und happ und weg damit! Kann von Glück sagen, der kleine rote Fliegendreck! Kann von Glück sagen, daß ich links hinten das Zipperlein habe! Mich zu unken! Unerhört!"

„Als ob dich einer unken will!" sagte Hüpferling Laubfrosch. „PM ist mein Freund. Er wollte nichts, als mit uns mitsingen. Aber ihr? Ihr wart wohl alle vom ersten Tag an große Quaker, wie?"

„Ja, wenn das so ist, wenn er dein Freund ist", sagte Schulmeister Unkenbein und scharrte sich ein wenig mit dem Taktstock über seinen Rücken, „dann sieht natürlich alles anders aus. Dann hätte er natürlich bleiben können."

Die anderen Frösche guckten verlegen unter sich und patschten mit den großen Zehen ins Wasser, daß es sich anhörte, als finge es sachte zu nieseln an.

„Wenn wir ihn vielleicht zurückrufen ließen", schlugen die Teichmolche vor und färbten sich vor Schüchternheit rot unter dem Bauch.

„Wie denn?" quakte ein fetter Ochsenfrosch und blies sich gewaltig auf.

„Unsere Freundin Libelle Drehzagel würde ihn noch leicht einholen können", sagten die Teichmolche. „Für ein kleines Entgelt, so um die zehn Mücken vielleicht . . ."

„Nichts da! Kommt gar nicht in Frage! Find' ich denn meine Mücken auf dem Müll!" wetterten die Frösche untereinander und blähten ihre Hälse auf.

Hüpferling Laubfrosch saß dabei und hörte nur zu.

„Meine Freunde wollt ihr sein?" sagte er endlich.

Die anderen achteten gar nicht drauf. Da sagte er weiter nichts mehr und begann, zu seiner Beruhigung eine kleine Melodie zu quaken.

Ganz allmählich, einer nach dem anderen, fielen die anderen mit ein. Zuletzt Schulmeister Unkenbein mit seinem Taktstock.

Pünktchen Marienkäfer, der sich in

sicherer Entfernung in einer Heckenrose niedergelassen hatte, konnte ihr Quaken und Kollern hören.
„Tja, mein Lieber", sagte er halblaut zu sich selbst und faltete seine schwarzen Unterflügel sorgfältig unter die harten roten Deckflügel. „Finde dich damit ab, daß dich keiner will, PM, und damit basta!"
Als er sich soeben anschickte, tiefer in seine Rosenblüte zu krabbeln und sich darin zu einem Nickerchen niederzulegen, schob sich ein schwarzer Kopf mit langen Fühlerquasten aus einer Nachbarblüte.
Ein Weibchen! Auch das noch! Pünktchen Marienkäfer wandte sich ab.
„Will dich wirklich keiner?" fragte das Marienkäfer-Weibchen.
„Und wenn?" fragte Pünktchen Marienkäfer zurück.
„Ich meine ja nur", sagte das Weibchen. „Dann wären wir nämlich zwei."
„Hm?" machte Pünktchen Marienkäfer und blieb kurz stehen.
„Weil mich nämlich auch keiner will", sagte das Weibchen.
Pünktchen Marienkäfer konnte nicht anders, er mußte es ansehen.
Die linke Fühlerquaste war ein wenig zu kurz und krumm. Aber sonst? Mit den großen dunklen Augen und den Tupfen im roten Grund – nett sah es aus. Nett und lieb.
Pünktchen Marienkäfer räusperte sich.
„Bist du vielleicht auch unmusikalisch?" fragte er.
„Und wie!" sagte das Weibchen und lachte. „Aber ich kann Kunstflug. Soll ich mal?"
Ohne seine Antwort abzuwarten, schwirrte es in den Himmel hinauf. Hoch vor dem Wind, daß er Angst bekam, es aus den Augen zu verlieren. So schnell und stark er konnte, flog er ihm nach.

Ein Kaktus erzählt

Mein Name ist Kaktus, aus der Familie der Säulenkakteen. Wie ich aussehe, könnt ihr euch sicher denken. Wie eine Säule. Hoch und schlank, geradewegs zum Himmel gerichtet.

Meine Familie ist in allen Wüsten der Welt zu Hause. Ich aber und meine engste Verwandtschaft, wir stammen aus der Sahara. Wir leben nicht eben üppig, das muß ich zugeben, denn die Sahara ist eine Wüste. Eine riesige Wüste in Afrika, groß genug, um wochenlang darin zu reisen, wenn einer hindurch will. Aber wer will das schon. Mein Land ist eine rötlichgelbe Sand- und Steinwüste, in der, so weit das Auge reicht, nichts wächst. Außer in den wenigen Oasen. Das sind Plätze, wo es Wasser gibt und die tiefen Wurzeln der Dattelpalmen genügend Nahrung finden. In den Oasen wohnen auch Menschen. Sie sagen, es sei schöner bei ihnen als irgendwo auf der Welt. Aber ich glaube, wo Wasser ist, ist es immer schön. Jedenfalls denke ich heute so.

Als ich klein war, hatte ich von Wasser so ziemlich keine Ahnung. Meine Mutter sprach manchmal davon. Schließlich erzählen wohl alle Mütter ihren Kindern Märchen. Sie sagte zum Beispiel, daß die Sahara vor vielen tausend Jahren ein grüner Garten war. Seen wären darin gewesen und breite Flüsse voller Wasser. Mir war das schnuppe. Ich hatte, was ich brauchte und eigentlich nur den einen Wunsch, endlich so groß zu werden wie mein Bruder zehn Meter links von mir.

Aber gerade das Größerwerden ging ziemlich langsam voran. Ganz allmählich schob ich einen Arm nach dem andern aus meinem Stamm. Meine Stacheln wurden so fest, daß die vielen freßlustigen Kaktusfresser mich endlich in Ruhe ließen. Ich breitete meine Wurzeln flach und weit aus, wie es Kakteenart ist, und stand so sicher im Sand, daß der wildeste Wüstensturm mir nichts anhaben konnte.

Ein paar Jahre später jagte eines Nachts ein großer Wüstenluchs an mir hoch. Ich habe ihm zwar gehörig in den

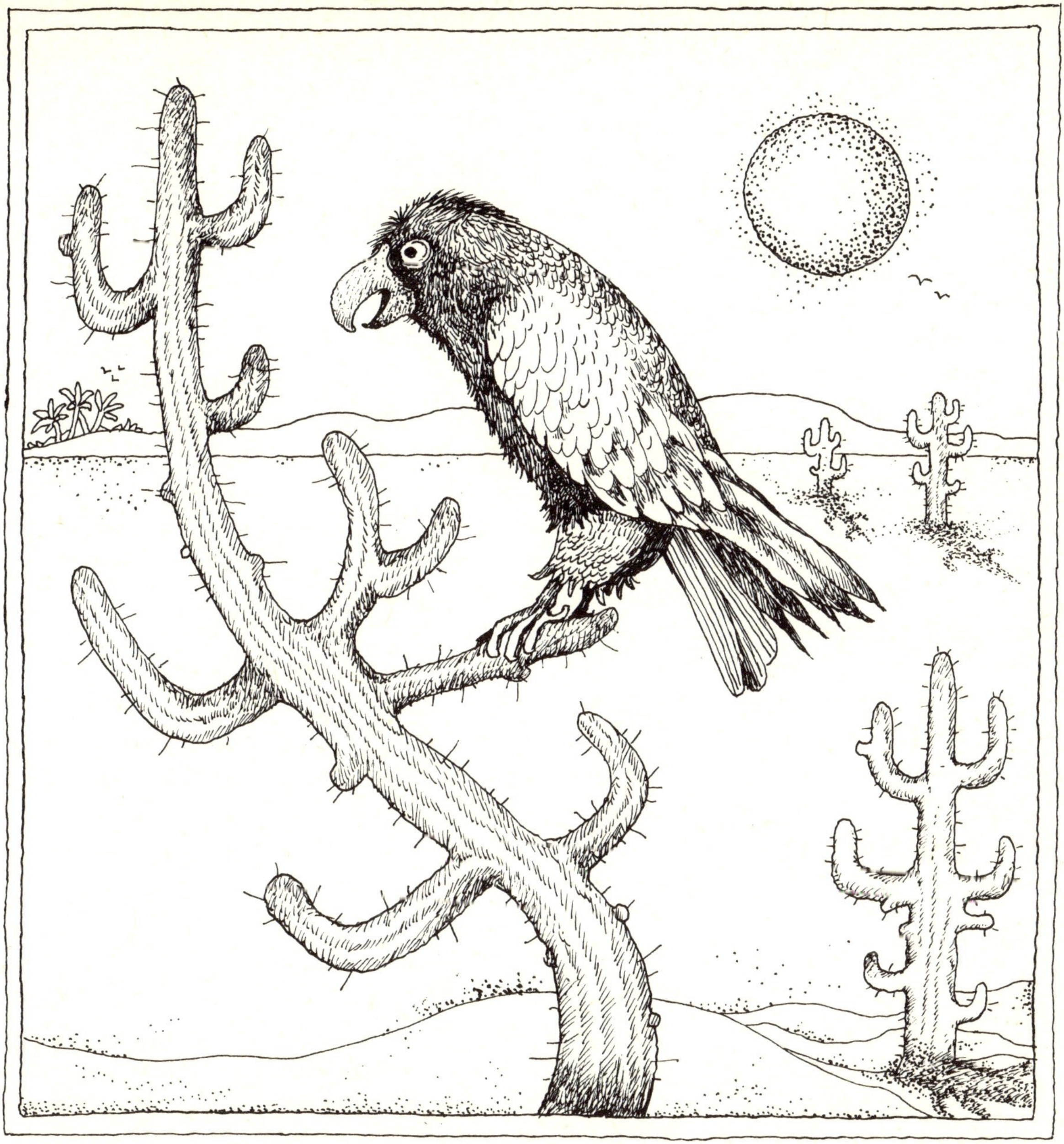

Pelz gestochen, aber zuletzt hatte doch nur ich den Schaden. Mein Hauptstamm senkte sich nämlich und ließ sich nicht wieder aufrichten. Ein Säulenkaktus mit krummem Stamm; eine Schande. Aber was sollte ich machen. Ich gab mir Mühe, meine Arme besonders stattlich in den Himmel zu recken. Vielleicht fiele so der Stamm nicht ganz so sehr auf.
Um nicht noch öfter den großen Wüstenkatzen oder Vögeln als Rast- und Fluchtplatz dienen zu müssen, schaffte ich mir noch härtere Stacheln an und schickte sie in ganzen Bündeln aus meinen Blattansätzen. Meine Haut wurde immer grauer und rissiger. Kurzum, ich war erwachsen geworden.
Plötzlich überfiel mich eine merkwürdige Unruhe. Am liebsten wäre ich aus dem Sand gesprungen und hätte mich wild im Wind bewegt. Es war ein sehr lächerliches und zugleich ärgerliches Gefühl.
Endlich erfuhr ich, warum mich diese Unrast befallen hatte. Ein Adler, der in meinen Ästen saß, erzählte mir davon. In wenigen Tagen werde ein großer Regen kommen, sagte er mit knarrender Stimme und strich seine Schwungfedern mit dem Schnabel glatt. Er spüre es in den Knochen. Ich würde schon sehen.

Geglaubt habe ich ihm kein Wort. Regen! Hat einer so einen Quatsch schon mal gehört, dachte ich. Diese Adler spinnen doch wirklich. Immer nehmen sie den Schnabel zu voll.
Eine Woche später aber wurden wir alle aus tiefem Schlaf geschreckt. Ein ungeheurer Wind rüttelte und schüttelte uns. Manche von uns hielten sich an einem Nachbarn fest, wurden aber trotzdem entwurzelt und konnten sich nicht wieder aufrichten. Der Sturm trieb Sand in dicken Wolken auf uns zu. Wir spürten die Körnchen wie Pfeilspitzen. Wie froh war ich da über meine dicke Haut!
Endlich fielen die ersten Tropfen. Ich wußte nicht so recht, was ich mit ihnen anfangen sollte, weil ich Regen noch nie erlebt hatte. Die kleinen runden nassen Dinger knallten schwer auf mich runter. Ich duckte mich erst. Aber es war irgendwie schön. Was für ein herrliches Gefühl, als mir der Sand endlich aus den Stachelfalten lief. Ich streckte und reckte mich in der Nässe und konnte plötzlich nicht genug davon bekommen. Allmählich wurde der Regen stärker. Schließlich prasselte das Wasser nur so auf uns nieder. Niemand konnte so schnell trinken wie für Nachschub gesorgt wurde.

Bis zum Morgen hatte der Regen Bäche und Flüsse geschaffen. Gurgelnd schossen sie an uns vorbei. Wir Kakteen standen wie auf einer Insel. Unsere Wurzeln hielten den Sand fest. Und jeder von uns beeilte sich, neue zu bilden, und wenn's nur die allerfeinsten und kleinsten waren. Tagelang regnete es fort und fort. Es nieselte ununterbrochen. Die Sonne war kaum zu spüren und nur wie ein blasser Mond hinter den Dunstwolken zu erahnen. Wir lebten ein völlig neues Leben. Keiner von uns hatte geahnt, daß Regen eine so herrliche Sache ist.

Als der Regen fast aufgehört hatte, fühlte ich überall aus meiner Haut dicke Erhebungen sprießen. Ich beobachtete sie mit Spannung und Neugier und ein wenig Angst. Vielleicht hatte ja der Regen eine neue Krankheit geschaffen. Vielleicht würde ich eingehen. Vielleicht aber auch würde ich Blüten haben. Die Ältesten unter uns hatten uns davon berichtet.

Lang und pelzig schoben sich die Beulen aus meiner Haut. Ich war zu aufgeregt zum Schlafen. Und doch hätte ich den Augenblick, da die erste meiner Beulen aufsprang, fast verpaßt. Es ging zu schnell. Tief in mir wußte ich, daß es eine Blüte war. Sie hatte wundervolle tiefrote Blütenblätter und tief im Kelch goldene Staubfäden. Ich war stolz auf sie, wie ich nie zuvor in meinem Leben auf etwas stolz gewesen war und hütete sie ängstlich. Und dann dieser Schmerz, als sie nach nur einer Nacht verwelkte, als sie schlapp und faltig in sich zusammensank!

Zum Glück blühten mehr und mehr Knospen auf. Jede einzelne begeisterte und betrübte mich gleichermaßen. Und auf jede freute ich mich mit aller Kraft. Die Sonne stach täglich heißer vom Himmel herunter. Das Wasser ringsum versickerte unaufhaltsam. Wir alle hatten uns prallvoll gesogen und standen in bester Kraft. Aber dennoch waren wir unglücklich. Unsere Blüten gediehen spärlicher und spärlicher. Die letzten halb ausgewachsenen Knospen fielen ab, ehe sie erblühen konnten. Die Luft flimmerte über dem Sand. Die Wüste zeigte ihr altes Gesicht.

Schon bald war ich grau bestaubt wie eh und je, schrumplig und unansehnlich, ein stachliger Geselle ohne besonderen Reiz.

Im Herzen aber schlafe ich und warte. Eines Tages wird es regnen. Und ich werde erwachen.

...zum Anknabbern

Willi Fährmann
Der überaus starke Willibald
In einem großen Haus lebt friedlich eine Mäuseschar. Doch der Frieden ist dahin, als sich der überaus starke Willibald zum Mäuseboß erklärt. Von nun an hat jeder auf sein Kommando zu hören. Nur das Mäusemädchen Lillimaus wagt Kritik und wird in die Bibliothek verbannt, wo sie sich das Lesen beibringt. Und eines Tages kommt ihre große Chance...

88 Seiten. 10 ganzseitige, dreifarbige Illustrationen. Gebunden.
Für Jungen und Mädchen ab 8

Arena

...zum roten Elefanten

Christa Zeuch/Wilhelm Schlote
KOSCH KOSCH
Eine elefantenrote Geschichte
Urplötzlich steht bei Familie Kugeler ein roter Elefant im Zimmer – was nun wirklich unglaublich ist – und dieser Dreikäsehoch mit seinen karierten Topflappenohren verschlingt auch gleich eine ganze Portion Spaghetti mit Ketchup aus der Schüssel.
Und damit nimmt diese elefantenrote Geschichte ihren Lauf...
128 Seiten. 12 ganzseitige zweifarbige Zeichnungen von Wilhelm Schlote. Gebunden.
Für Jungen und Mädchen ab 8

Arena

...zum Lesen lernen

Achim Bröger
Hallo, Pizza! – Hallo, Oskar!
Drei lustige Abenteuergeschichten: In der ersten beschließen Pizza und Oskar, Afrika zu suchen. In der zweiten Geschichte besucht Oskar zu Hause Pizza, weil sie krank ist und beide steigen durch ein Bild an der Kinderzimmerwand. Und in der dritten Geschichte will Oskar schließlich seine Freundin zur Schule begleiten. Doch er ist Schuld, daß Pizza zu spät kommt.

208 Seiten. 94 teils zweifarbige Illustrationen von Gisela Kalow. Gebunden.
Für Jungen und Mädchen ab 8

Arena

...zum Anfreunden

**Herbert Heckmann
Löffelchen und die anderen**
Dieser »Lese-Omnibus« bringt drei beliebte Geschichten von Herbert Heckmann in einem Band: »Geschichten vom Löffelchen« (dem Jungen, der den Namen seinen abstehenden Ohren verdankt), »Der Sägmehlstreuer« (der gerne Clown werden möchte) und »Der kleine Fritz« (der die Menschen in Davids und Goliaths einteilt).
Alle drei »Helden« zeichnen sich durch Pfiffigkeit, Phantasie und Witz aus.

200 Seiten. Illustrationen. Gebunden.
Für Jungen und Mädchen ab 8

Arena

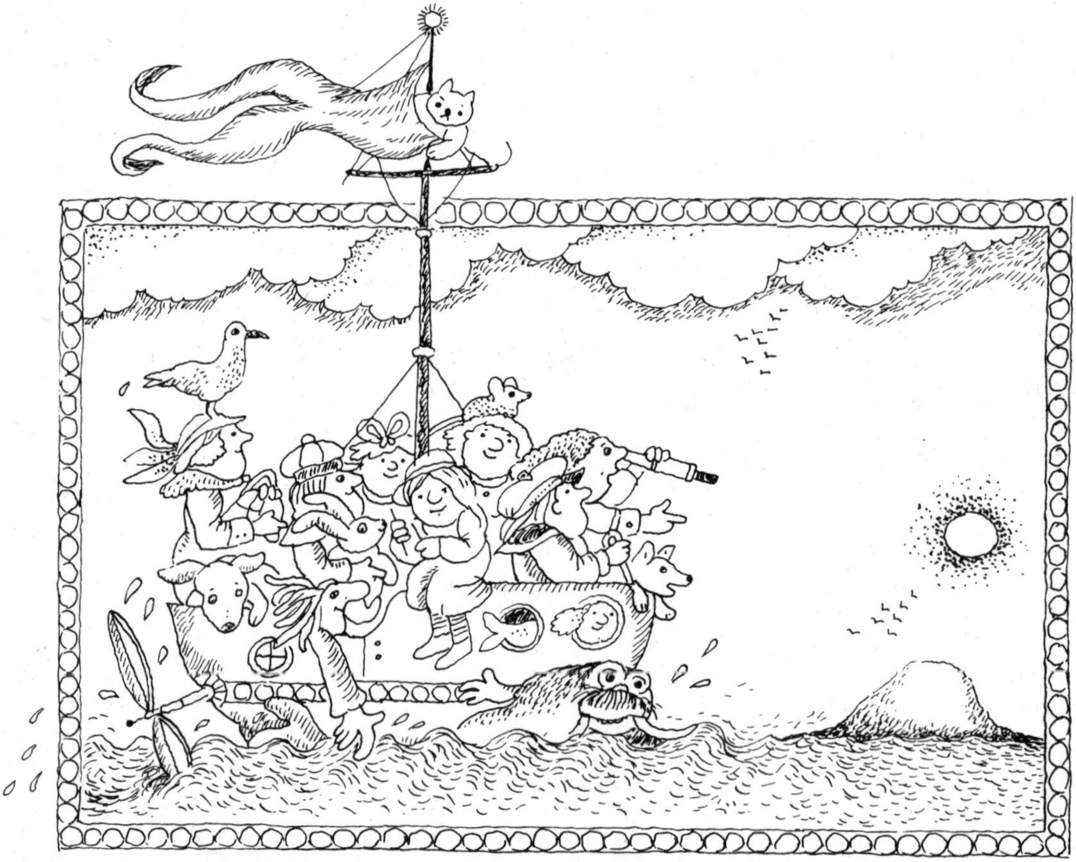